MW01241174

For Holden :)

Überarbeitete Auflage 2015
Copyright © 2015 M. Melih Gördesli
www.melih-goerdesli.at

Hergestellt in Amazon CreateSpace
ISBN 978-3-200-02885-2

Zum Buch

In seinem zweiten Buch berichtet der junge Autor M. Melih Gördesli über den Integrations-Alltag. Auf humorvolle Weise beschreibt er den Einfluss der Integrationsdebatte auf die Bevölkerung und deckt versteckte soziale Probleme unserer Gesellschaft auf, die gewissermaßen in den (Migrations-)Hintergrund gerückt sind. Zugleich kritisiert er die Instrumentalisierung des Themas »Integration« durch Gesellschaft, Politik und Wirtschaft.

M. Melih Gördesli

INTEGRATION

Statements

Alexander POLLAK, SOS-Mitmensch
Integration ist in den vergangenen Jahren zu einem politischen Kampfbegriff geworden. Er wird von Teilen der Politik dazu benutzt, um Grenzlinien quer durch Österreich zu ziehen und zu markieren, wer als vollwertige/r Bürger/in anerkannt wird und wer jeden Tag aufs  Neue beweisen muss, anerkennungswürdig zu sein. Inzwischen sind wir an einem Punkt angelangt, an dem Integration – sprich: eine Politik, die mit zweierlei Maß misst – Integration – sprich: ein gleichberechtigtes Miteinander – verhindert. Es ist daher höchste Zeit, dass wir – wir alle, die hier leben, und wir alle, die unsere »Integrationspolitikerinnen« wählen – damit aufhören, Mitmenschen aufgrund des Geburtsorts ihrer Eltern, ihrer Hautfarbe, ihrer Muttersprache oder irgendeines anderen willkürlichen Merkmals auszugrenzen. Dann sind wir einen Schritt weiter.

Dino SOSE, BUM MEDIA
So wie die Wiener Vielfalt eine Tatsache ist, so müssen wir auch leider die Tatsache annehmen, dass wir anscheinend in einer Gesellschaft leben, in der Weltoffenheit und Vielfalt für einen Teil der Bevölkerung wie eine ernsthafte Bedrohung - und Mehrsprachigkeit wie eine Krankheit - klingen. Wir

leben in einer Gesellschaft, in der Menschen, die hier geboren wurden, als Vorzeigebeispiele für gelungene Integration bezeichnet werden. Wir leben in einem Land, in dem Migranten von politischen Parteien als Wahlköder für ethnische Communities ausgenutzt werden, statt zuzulassen, dass sie die Vertreter aller Wählerinnen und Wähler werden. Die österreichische Migrationspolitik braucht aber dringend eine Weiterentwicklung - weg von dem Slogan»die Migranten müssen sich lohnen«. Jeder in Österreich lebende Mensch gehört zu unserer Gesellschaft und sollte uneingeschränkt an allen Bereichen des Lebens teilhaben können! Nur so können wir gemeinsam und nachhaltig die Trennung zwischen dem »Wir« und »den Anderen« überwinden. Integration sollten wir eigentlich Partizipation nennen weil - mit dem was man selbst mitgestaltet - damit identifiziert man sich auch.

Simon INOU, M-MEDIA

Schriftsteller haben die gesellschaftliche Aufgabe, Unterdrückung in all ihren Formen sichtbar(er) zu machen, uns aus unserer Komfortzone zu befreien, Energie freizusetzen und genau dort zu drücken, wo es weh tut, wenn nichts getan wird, um die Situation zu verbessern. Das gilt in unserer Gesellschaft für die Jahrhundertthemen Integration / Diversität / Inklusion. Vom literarischen Werk Melih Gördeslis ist ein frischer Wind zu erwarten, in Form einer unabhängigen, provokativen und Schocktherapieartigen Wahrnehmung bzw. Beschreibung unserer Gesellschaft. Es schärft den

Blick für eine neue Gestaltung unserer Gesellschaft, besser gerüstet für die zukünftigen Herausforderungen.

Zarko RADULOVIC, Medien-Servicestelle

Menschen mit Migrationsgeschichte wird noch immer zu oft – basierend auf Halbwissen – mit Vorurteilen und Angst begegnet. Dabei sollten wir schon lange wissen: Die überwältigende Mehrheit dieser Menschen bereichert Österreich in wirtschaftlicher, kultureller, emotionaler und noch so manch anderer Hinsicht. Dürften sie verstärkt in wichtigen Bereichen der Gesellschaft partizipieren, würde Österreich noch mehr profitieren. Wir brauchen die größtmögliche Chancengleichheit für alle Menschen. Die Herkunft darf niemals ein Kriterium sein.

Ibrahim BEYAZIT, Euroschloss GmbH

Obwohl wir seit 50 Jahren in Österreich leben, wird uns ständig der Begriff Integration unter die Nase gerieben, ohne unsere Meinungen zu berücksichtigen. Obwohl die Mehrheit von uns bereits integriert ist, werden wir als Migranten bzw. als Menschen mit Migrationshintergrund schubladisiert. Es hat den Anschein, dass die alteingesessene Mehrheitsgesellschaft dieses Faktum nicht wahrhaben möchte. Um diese Barriere durchbrechen zu können, brauchen wir klarerweise mehr landesweite Aufklärung und vor allem mehr Partizipation(!) von Menschen mit Migrationsbiographie in staatlichen Institutionen wie Schulen, Behörden, Politik usw. Solange dies nicht erfüllt wird, bleiben wir bloße Statisten in einem endlosen Integrations-Theater.

Brigitte LENDL & Markus PRILLER, Projekt »Xchange«

Durch die Arbeit im projektXchange wollen wir das Bewusstsein stärken, dass Integration gelingen kann und wirklich auch täglich gelingt. Wir wollen gegen die politische Instrumentalisierung der Angst vor dem Fremden mit Möglichkeiten der Begegnung

antreten. Das Projekt zeigt, dass Menschen, die zugewandert sind, diese Stadt und dieses Land nicht bedrohen, sondern auf vielfältige Art bereichern. Melih Gördesli ist einer unserer engagiertesten Botschafter.

Marko STIJAKOVIC, Präsident der Österreichisch-Serbischen Gesellschaft

Als unsere Eltern einst den Zug bestiegen, ahnten Sie nicht, dass es eine Reise ohne Wiederkehr sein würde. Österreich hat gerufen und viele arbeitswillige Menschen sind gekommen. Niemand ahnte damals, welche große Bedeutung sie für den Wideraufbau Österreichs haben würden. Heute ist das bekannt. Umso weni-

ger verstehen wir, warum sie so lange als Menschen zweiter Klasse behandelt wurden - und warum sie bis heute keinen Dank für ihren Beitrag erhalten haben. Österreich hat wieder gerufen, diesmal zur Integration, der einzige Unterscheid zu damals: WIR, die Nachkommen der einstigen Gastarbeiter, sind bereits da - WIR wissen, dass Österreich auch unsere Heimat ist - WIR wissen, welchen Beitrag wir zum Wohlstand Österreichs beitragen - und WIR wissen heute auch, was WIR wollen: INKLUSION und PARTIZIPATION!

Jack Nuri ÖZKAN, Kabarettist

Das Thema Integration hat mich schon immer als (Neo-) Österreicher interessiert, daher habe ich mich entschieden, als Comedian auf die Bühne zu gehen, um meinen Mitmenschen das Thema Integration einfach lustig rüberzubringen: Ein Lächeln ist mehr wert als tausend Worte... Es ist im Grunde ein sehr  heißes Eisen, daher kann bis heute niemand genau beschreiben, wo es genau anfängt und wo es genau endet... Für mich beginnt das Thema Integration grundsätzlich bei der Geburt und endet bei der Beschneidung... oder fängt beim türkischen Friseur an und endet danach mit einem Kopftuch... oder fängt in Ottakring an und endet in einem Gemeindebau in Donaustadt... oder fängt an einem Donnerstagabend an einer Cocktailbar an und endet am Freitag beim Freitagsgebet in der Moschee... In diesem Sinne: WANN GEHT, DANN GEHT, WANN NIX GEHT, DANN GEHT, WANN GEHT...

Ercan KARADUMAN, Analytiker für strategische Politik

Damit ein Land *innenpolitische Größe* erlangen kann und weiterhin für sich in Anspruch nehmen darf, muss es den von ihm aufgenommenen - vorerst fremden - Menschen die Aufrechterhaltung ihrer mitgebrachten Persönlichkeit ermöglichen. Die würdevolle Persönlichkeit gilt es wahrzunehmen. Diese  Wahrnehmung muss die Innenpolitik in ihrem Regierungskonzept andenken. Nur dann ist Integration gelungen, wenn ein Land diese *innenpolitische Größe* erlangt, wenn es in der Integrationspolitik nicht auf die Persönlichkeit, Würde und Geltung der einzelnen Zugewanderten vergisst. Nur dann, wenn die identitätsstiftenden Facetten dieser Menschen weder fahrlässig noch absichtlich außer Acht gelassen werden!

Kapitel 1
Pulverfass Gemeindebau

Es ist schon wieder Nacht und noch immer sommerlich schwül. Seit Tagen hat es nicht geregnet. Die Hitze in der Stadt ist fast nicht mehr auszuhalten. Es ist windstill, wirklich windstill: nicht der leiseste Hauch ist zu spüren. Wolken sind auch keine in Sicht. Mein Körper versucht zu schwitzen, ohne Erfolg. Ich habe das Gefühl, dass ich gleich ersticken werde. Nach einem Schluck kalten Wassers geht es mir wesentlich besser. Die ersten Tropfen fallen von meiner Stirn, ich fühle mich erleichtert. Erschöpft setze ich mich an die Bettkante und versuche mit hängendem Kopf den Tag zu verarbeiten; wie jede Nacht, bevor ich mich ins Bett lege.

Sitzend schaue ich durch das offene Fenster hinaus. Es ist Vollmond; der wolkenlose Himmel lässt den Mond sehr unnatürlich aussehen. So habe ich ihn noch nie zuvor gesehen. Für einen Moment zweifle ich an der Realität: was ist, wenn ich gar nicht existiere? Was ist, wenn alles hier nur ein Traum ist? Durch das Geschrei meiner Nachbarn komme ich wieder zu mir. Das Ehepaar streitet fast jede Nacht – halb deutsch, halb türkisch. Das Streitgespräch ist wie immer unüberhörbar. Die Frau beklagt sich wie gewohnt über ihre Schwiegermutter, die sich offensichtlich zu sehr in das Privatleben des Pärchens einmischt. Der Mann versucht sie zu beruhigen: »Komm schon, Schatz, du kennst doch meine Mutter. Sie meint es nicht so.« – Jetzt müsste die Passage kommen, wo sie ihm vorwirft, dass er immer seine Mutter verteidigt. Und tatsächlich: »Jedes Mal bist du auf der Seite deiner Mutter!«, brüllt sie ihren Mann an und überhäuft ihn mit türkischen Schimpfwörtern: »Ayı!« (Bär), »Öküz!« (Stier), »Hayvan!« (Tier). Irgendwie tut er mir leid.

Kurz bevor der Teil mit dem Geschirr kommt, das hin- und herfliegen und für jede Menge Krach sorgen wird, atme ich tief ein und greife zum Handy. Mit zitternden Händen und Fingern schaffe ich es gerade noch, die Nummer einzutippen. Diesmal bin ich gut darauf vorbereitet, mein Anliegen am Telefon zu schildern. »Pizzeria Marina, was wollen Sie bestellen?«, fragt ein Angestellter mit einem authentisch italienischen Akzent, wie man ihn aus Mafia-Filmen kennt. Zwar sind weder die Besitzer noch die Angestellten Italiener, dennoch stelle ich mir bei jedem Anruf dieses Mafia-Szenario vor: Ein am Schreibtisch sitzender Sizilianer, Füße auf dem Tisch, schwarzer Anzug, weißes Hemd, schwarze Krawatte, Hut und Brille. In der einen Hand das Handy, in der anderen die Pistole, im Mund die Zigarre. Es ist nicht der Streit der Nachbarn, der mich zum Zittern bringt und für einen kleinen Adrenalinschub sorgt, sondern der Hunger. Jedenfalls gebe ich meine Spezial-Bestellung auf: zwei Pizzen mit Dönerfleisch. Die eine esse ich heute, die andere hebe ich mir für morgen auf – wie immer.

Ich bin zwar nicht unbedingt ein Verfechter von Diversität, aber was vielfältige Essensauswahl und ungewöhnliche Kombinationen anbelangt, könnte man mich als

Experten einstufen. Einmal überredete ich sogar einen türkischen Döner-Verkäufer, Dönerfleisch in ein Lahmacun – das ist eine türkische Pizza aus Fladenbrot, das aus Hefeteig gewonnen und vor dem Backen mit einer dünnen Schicht aus Tomaten, Zwiebeln und Faschiertem bestrichen wird – zu geben. Danach hatte ich mich übergeben. Das war das erste Mal in meinem Leben, dass ich nach dem Verzehr einer Spezial-Kreation ernsthaft überlegte, nie wieder Fleisch zu essen.

Nach etwa zwanzig Minuten ist der Pizza-Lieferant da. Er übergibt mir das Essen und verabschiedet sich mit einem indischen Akzent – wie gesagt: Das sind keine Italiener. Aber es ist natürlich gutes Marketing, sich als Italiener auszugeben. Wer würde italienische Spezialitäten von Nicht-Italienern bestellen wollen, obwohl sie die Pizzen oft viel besser zubereiten? Außerdem erlaubt die Imitation das Nichtbeherrschen der deutschen Sprache. Das kommt sogar sehr gut an, weil es das klischeehafte Bild eines authentischen Italieners bestätigt. Das ist das gastronomische Integrations-Paradoxon: Je weniger integriert ein zugewanderter Gastronom scheint, desto beliebter ist er bei der Kundschaft. Die verliert nämlich schnell den Appetit, wenn am falschen Ort perfekt Deutsch gesprochen wird. So tut etwa »der Chinese« gut daran, »Leis« statt »Reis« zu sagen und sich auf einen begrenzten Wortschatz zu beschränken. Anscheinend haben manche Sprachen einfach ein gutes Image: Französisch, Spanisch, Englisch oder Italienisch sprechende Personen werden als attraktiv empfunden, egal was sie sagen, und manche Nationalitäten werden gar für die Werbung gebucht. *Fragt doch den Inder, wenn ihr mir nicht glaubt!*

Die türkische Gastronomie dagegen ist offenbar weniger beliebt: Wo ein Kebabstand – am Ende gar anstelle eines Würstelstandes – aufsperrt, sieht so mancher Wiener (Politiker) das Ende des Abendlandes heraufdräuen. Wenn »die Türken« die deutsche Sprache nicht beherrschen oder damit nur schlecht umgehen, gelten sie rasch als Integrationsverweigerer, die ihre Parallelgesellschaft bilden wollen. Italienische Eis- und Pizzageschäfte mit italienischen Speisekarten und Italienisch sprechenden Mitarbeitern, falls es sich dabei überhaupt um echte Italiener handelt, werden nicht als problematisch empfunden. Für türkische Lokale gilt das nicht. Woran das wohl liegen mag? *Vielleicht sollte ich mal den Inder fragen ...*

Letztendlich setze ich mich mit der Pizzaschachtel ans Fenster und widme meine Aufmerksamkeit wieder dem nachbarlichen Streit. Die Lage hat sich etwas beruhigt. Die Frau weint leise vor sich hin, der Mann ist weder zu sehen noch zu hören. *Vielleicht hat er schon die Wohnung verlassen – die arme Frau.*

Wenige Minuten später kommen Polizeibeamte, die man schon von weitem durch ihre Funkgeräte hört. Sie gehen der Beschwerde anderer Nachbarn nach und protokollieren den Vorfall. Nach kurzer Zeit gehen sie zu ihrem Dienstwagen zurück. Es ist wieder Stille eingekehrt. Einzig die Insektengeräusche sind noch zu vernehmen, einem angenehmen Flüstern gleich. Ich hoffe, dass ich bald einschlafen kann, denn es ist schon halb vier in der Früh, langsam wird es hell. Nachdem ich die Pizza verputzt habe, schließe ich die Fenster, da der Lärm auf der Straße langsam zunimmt. Die Vorfreude auf die zweite Döner-Pizza nehme ich mit ins Bett. *Gute Nacht, Nachbarn! Gute*

Nacht, Polizeibeamte! Gute Nacht, indischer Pizza-Lieferant Sergio! Und wieder habe ich das klischeehafte Bild eines Mafioso vor den Augen: Sergio auf seiner italienischen Vespa, ein Roller, mit dem er die »Pizzen« an die Haushalte liefert. Gott sei mit dir, Sergio!

Mit »Allahu Akbar, Allaahhhuuu Akbar!« werde ich am nächsten Tag gegen Mittag aus dem Bett gerissen. Meine türkischen Nachbarn haben sich eine neue Uhr mit Muezzin-Funktion zugelegt, die die praktizierenden Familienangehörigen zum Gebet aufruft – und das fünf mal am Tag. Mir ist dieser Brauch zwar aus der Heimat meiner Eltern bekannt. Trotzdem muss ich mich erst mal daran gewöhnen. Die dünnen Wände der Gemeindewohnung lassen nicht nur die Muezzin-Rufe durch, man kann jeden noch so kleinen Furz hören: wie die Familienangehörigen beim Frühstücken ihren türkischen Tee mit dem Löffel umrühren, das Quietschen des Kleiderschrankflügels beim Auf- und Zumachen, das Betätigen des Lichtschalters, jedes Niesen und Husten. Bei familiären Auseinandersetzungen und Streitigkeiten zwischen den Kindern kommt es mir vor, als ob das ganze Schauspiel gerade in meiner Wohnung stattfinden würde. Mittlerweile fühle mich wie ein Mitglied der Nachbarsfamilie, die mir bei fast jeder Gelegenheit mitteilt, wie glücklich sie sind, dass nebenan nun so ein seriöser Junge wie ich wohnen würde. Irgendwie verständlich, denn es heißt, mein Vorgänger sei ein Drogensüchtiger gewesen. Ab und zu gebe ich den Nachbarskindern sogar Nachhilfe; vor ein paar Tagen brachte ich der Tochter das Integrieren in Mathematik bei. Den Kleinen unterstützte ich bei seinem ersten Aufsatz zum Thema Integration; er hatte schon Schwierigkeiten mit der Überschrift. »Was ist das?«, fragte er mich einmal erstaunt. »Das ist etwas, was du dein ganzes Leben lang hören wirst.«, versicherte ich ihm.

Als Dankeschön bringt die Mutter hin und wieder Gebäck und Essen vorbei, was mich dahinschmelzen lässt. Lediglich habe ich weniger Glück mit der neuen Nachbarin über mir. Ihre Vorgängerin war eine ältere, schwerhörige Dame. Den laut aufgedrehten Fernseher, vor dem sie einzuschlafen pflegte, hatte sie ins Altersheim mitgenommen. Daher hatte ich mich eigentlich auf ruhigere Zeiten gefreut. Aber nach ihr zog eine alkoholabhängige Wiener Proletin mit zwei Hunden ein. Sie ist ständig zu Hause und quält mich Tag und Nacht mit Lärm. Jedes Mal, wenn sie mit den Füßen auf den Boden stampft, um ihren Hunden klarzumachen, dass sie die Herrin im Hause ist, habe ich das Gefühl, sie stampft auf meinem ganzen Körper. Jegliche Versuche einer Problemlösung mit ihr und mit »Wiener Wohnen« (zuständige Stelle) sind bis jetzt gescheitert. Die Polizei zeigte zwar Mitgefühl, konnte aber auch nicht weiterhelfen. Das muss die Strafe des Schicksals sein.

Die Pizza von heute Morgen liegt noch im Magen. Während ich mich zum Rausgehen fertig mache, schalte ich kurz den Fernseher ein. In den Nachrichten geht es um die sogenannte Integration, und die Menschen mit dem sogenannten Migrationshintergrund werden wieder einmal für das Versagen der Politik verantwortlich gemacht. An den schlechten Ergebnissen der Pisa-Studie und dem Bildungsproblem sollen wir auch schuld sein. *Wahrscheinlich auch an dem schlechten Wetter und für die schlechte Laune anderer!*

Ich schalte den Fernseher wieder aus und brauche noch

20

eine Weile, bis ich die Wohnungsschlüssel gefunden habe. *Gefunden!*

Sie sind unter der Pizzaschachtel, die ich gleich zum Wegwerfen mitnehme. Nun kann ich die Wohnung guten Gewissens verlassen. Im Stiegenhaus grüße ich eine Mieterin, eine alte Dame mit Gehstock. Mit langsamen Schritten nähert sie sich, ohne mich anzusehen. Ein altmodischer Hut bedeckt ihre schlohweißen Haare, vorne und seitlich aber nur zum Teil. Auf ihrer rechten Hand, mit der sie den Stock hält, erkennt man viele kleine, blaue Flecken. *Wie alt sie wohl ist?*

Ich halte ihr die Aufzugstür auf, sie zeigt keine Reaktion. Sie grüßt mich weder zurück noch bedankt sie sich für das Aufhalten der Tür, sie geht einfach mit müden Schritten hinein. Vielleicht ist sie schlecht gelaunt. *Aber wann habe ich sie jemals fröhlich gesehen? Und sind die anderen Nachbarn nicht genauso?*

Ich bleibe höflich, verabschiede mich mit einem »Auf Wiedersehen« und verlasse das Gebäude. Endlich bin ich draußen. Es ist noch immer schwül. Die Wolken haben den Himmel verdeckt, die Sonne dringt kaum durch, es duftet nach Regen. Nein, natürlich kann man den Regen nicht riechen. Es ist eigentlich der Asphalt, der riecht. Wenn er sich abkühlt, gibt er einen eigenen Geruch ab. Meistens regnet es daraufhin. So lautet zumindest meine Theorie, die bis jetzt immer zutraf – mal sehen. Ich entsorge die Pizzaschachtel, die noch so schön nach Dönerfleisch riecht, und begebe mich Richtung Supermarkt. Ich habe Lust auf Popcorn und Bier. Im großen Hof begegne ich den unterschiedlichsten Bewohnern aus der Umgebung: Hundebesitzer, die gerade »Gassi gehen«. Spielende kleine Kinder, die sich gegenseitig mit Spielzeug und Ästen schlagen. Besoffene Proleten, die mit ihren Bierdosen auf der Wiese herumliegen. »Da hot scho wieder aner dü Scheiße vo sein Hund net putzt! Pfui Toifl!«. *Da ist wohl jemand in die Scheiße getreten.*

Dann sehe ich den Mann, der sich meistens am offenen Fenster seiner Erdgeschoss-Wohnung anlehnt und die Leute im Hof beobachtet. Er schimpft über die Kinder, die sich laut nicht auf Deutsch unterhalten, während sie abwechselnd den Ball gegen die Wände kicken, obwohl gleich daneben ein großes Schild angebracht ist, das auf das Ballspiel-Verbot hinweist. »Kick's wo anders, Gfraster!«, schreit er die Kinder an. *Wo kann man als Kind oder Jugendlicher heutzutage überhaupt noch spielen, lachen und Spaß haben?*

Bevor ich den Hof gänzlich verlasse, werde ich auf eine tanzende Gruppe von Jugendlichen aufmerksam, deren Unterhaltung ich beim Vorbeigehen mithöre: »Heast, Arnold, du holbintegriata Steira, kum hea!«, schreit einer von ihnen auf die andere Straßenseite hinüber. Offensichtlich ein Kumpel, der dazugehört. Sie sind schätzungsweise zwischen 12 und 15 Jahre alt, und mit dem Alter schon integrationsbewusst – Respekt! »I krouch glei ume!«, schreit der Junge auf der anderen Straßenseite, ehe er sich der Gruppe anschließt.

Zufällig kenne ich Arnold: Er wohnt erst seit zwei Jahren hier, und das hört man noch an seinem steirischen Zungenschlag, auch wenn er sich den lokalen Slang rasch angeeignet hat.

Die Unterhaltung unter den Jugendlichen wird lauter. Obwohl ich sie aus den Augen verloren habe, kann ich deutlich ihre »Bam Oida!« – Rufe und ihr Gelächter hören. *Hat sich Arnold schon integriert? Was ist überhaupt Integration?*

Auf der Straßenseite kommt mir eine ältere Nachbarin mit ihrem Hund entgegen. Der Hund hat wie immer keinen Beißkorb, stattdessen trägt er eine Plastikflasche im Maul. Seine Herrin hat sichtlich Mühe, ihn an der Leine zu halten. Sie wird regelrecht von ihrem aggressiven Hund hin und her gezogen, der mir Angst macht. *Mami!*

Im Supermarkt angekommen, bekomme ich rasch Appetit auf mehr. Eigentlich wollte ich ja nur Bier und Popcorn, aber rasch landen jede Menge Süßigkeiten und billige Fastfood-Produkte im Einkaufswagen. Beim Begutachten von Steakfleisch nähert sich mir eine ältere, türkischstämmige Frau mit Kopftuch: »Oğlum o etler helal kesim değil!« (Sohn, das Fleisch hier ist nicht Halal-geschächtet!), macht sie mich aufmerksam. *Woher weiß sie eigentlich, dass ich muslimisch oder religiös bin?*

Ich lächle sie falsch an und gebe drei fette Steaks in den Einkaufswagen, nur um sie zu provozieren. Sie wirft mir einen bösen Blick zu und begibt sich zur Gemüseabteilung, wo sie die Wassermelonen begutachtet. *Achtung! Die Wassermelonen sind nicht Halal-geschächtet!*

Ich hasse es, wenn unbekannte Menschen glauben, mir vorschreiben zu dürfen, wie ich zu leben habe. Einmal musste ich mit einer älteren, österreichischen Dame, die mich aufgrund meines Namensschildes nach meinem Migrationshintergrund gefragt hatte, eine Stunde lang über die Türkei reden; als sei ich der Sprecher der türkischen Regierung. Nur wenn ich außerhalb von Wien unterwegs war, wurde ich als Wiener bezeichnet – und oft gefragt, warum

wir Wiener so unfreundlich und unglücklich seien. *Hä?!*
Geht's noch?!

Mit zwei vollen Einkaufstaschen verlasse ich den Supermarkt. Wenige Schritte von der Haustür entfernt sitzen
Frauen aus der Nachbarschaft vor ihrer Stiege, hauptsäch-
lich bildungsferne, sozial schwache Frauen mit sogenanntem Migrationshintergrund, die fast den ganzen Tag auf
den kurzen Steinblöcken, die eigentlich nicht als Sitzplätze
vorgesehen sind, sitzen und über ihre Nachbarn, Bekannten
und Familien lästern. Gegen Abend schließen sich dann so
viele junge und alte Frauen an, dass man über sie und ihre
abgestellten Kinderwägen klettern muss, um ins Gebäude
eintreten zu können. Ihre Männer dagegen sitzen auf den
Bänken in der Mitte des Hofs und starren fremden Frauen
hinterher, während sie ungestört mit ihrem Tesbih (muslimische Gebetskette mit 33 Perlen) in den Händen weiter
fuchteln. *Wie ich diesen Anblick hasse!*

Es gibt eine Handvoll Bänke für die gesamte Wohn-
hausanlage. Auf jeder Bank sitzt eine andere Gruppe. Die
bildungsfernen, sozial schwachen Einheimischen – also
Menschen ohne sogenannten Migrationshintergrund – sitzen hingegen meistens in ihren Wohnungen und beobach-
ten unauffällig zwischen ihren Vorhängen die unten
sitzenden Frauen und Männer, die in einer Sprache über sie
lästern, die sie nicht verstehen.

Ich stelle die vollen Einkaufstaschen zwischen meinen
Beinen ab, damit sie nicht umkippen. Ein Blick ins Post-
fach, das sich außerhalb des Gebäudes befindet, verrät mir,
dass sich jede Menge Reklame von Fast-Food-Restaurants
bis Stripbars angesammelt hat. Ich nehme den Stoß in die
Hand und entsorge die unbrauchbaren Prospekte. Ganz

unten befinden sich zwei Kuverts. Eines davon enthält die Telefonrechnung, das erkenne ich sofort am Logo meines Netzbetreibers. Das zweite Kuvert ist mir unbekannt. Bevor ich an der Haustür bin, werde ich von der türkischen Nachbarin angesprochen. Sie sitzt mit anderen Frauen vor dem Eingang der Nachbarstiege. Sie will wissen, wie es meinen Eltern geht. Ich sage: »Iyiler iyiler.« (Ihnen geht es gut, gut.), antworte ich in Eile.

Während ich mich von weitem mit ihr unterhalte, fällt mir auf, wie der Rest der Gruppe über mich lästert. Mir fällt ein, dass ich die Nachbarschaft über die Nachbarin, die über mir wohnt, ausfragen wollte. *Ob ich der Einzige bin, der sie am liebsten erwürgen würde?*

Ich gehe hinüber und stelle die Frage, allerdings anders formuliert. Sie berichten mir, dass sie den Aufzug nicht verwenden können, wenn die Nachbarin ihn davor mit ihren übelriechenden Hunden benutzt. Die Mieterin vom zweiten Stock beklagt sich ebenfalls über die Hunde, die ihren Kindern Angst machen. *Keine Sorge, mir machen sie auch Angst!*

Einer Mieterin ist aufgefallen, dass sie oft laut Musik hört, eine andere lästert auf Türkisch: »Ich sehe sie jeden Tag, wie sie viele Weinflaschen entsorgt.«

Von der Nachbarin über mir kommen wir zu den Nachbarn in anderen Stockwerken und Stiegen. Ich erfahre viel mehr, als ich wissen wollte. *Ach du Scheiße!*

Man erzählt mir, wer mit wem was und wo getan hat. Es ist so spannend, dass ich mich in der Zwischenzeit zwischen sie hineingequetscht habe. Ich habe Lust auf Popcorn und Bier. Das Bier ist vielleicht unpassend und gekühlt ist es auch nicht. Und für das Popcorn brauche ich eine Mikrowelle. Die Nachbarin kann offenbar meine Gedanken lesen – oder sie hat die Popcorn-Packung in der Einkaufstasche bemerkt, die ganz oben liegt. Vielleicht habe ich sie auch auffällig lang angestarrt. »Yapayım mı oğlum? Dur dur yapayım.« (Soll ich es für dich machen, Sohn? Warte, warte, ich mach es.) – bevor ich darauf antworten kann, nimmt sie die Packung und ruft, während sie sie aufmacht, auf Türkisch: »Ayşe, hau die Mikrowelle runter!«

Tatsächlich schwebt die Mikrowelle aus dem ersten Stockwerk herab. Sie hängt an mehreren Verlängerungskabeln und bleibt einige Zentimeter über unseren Köpfen stehen. *Gut, dass ich keine Potato-Wedges wollte.*

Die Nachbarin leert den Inhalt der Popcorn-Packung in eine großen Schüssel und setzt ihre Erzählungen über die dunklen Geheimnisse der Nachbarschaft fort. Plötzlich kommt der Sohn meiner Nachbarin hysterisch angerannt: »Anne! Anne!« (Mama! Mama!) – man habe ihm den Ball weggenommen, erzählt er voller Panik. »Hangi orospunun çocuğu aldı?!« (Welcher Sohn einer Hure hat ihn dir weggenommen?!), will die Mutter sofort wissen.

Nachdem sie eine kurze Beschreibung des Täters erhalten hat, steht sie auf und möchte den »Hurensohn« höchstpersönlich ausfindig machen. Ich nutze die Gelegenheit und entschuldige mich, mit der Begründung, dass Hausarbeit auf mich wartet. *Sie kaufen es mir ab! Muahaha!*

Das Popcorn überlasse ich den Frauen, die ihre unendlichen Erzählungen weiterführen werden. Mit den Einkaufstaschen in der Hand gehe ich ins Haus, drei Stockwerke hinauf. Den Aufzug kann ich nicht benutzen, weil er intensiv nach nassen Hunden stinkt. Die Taschen sind nicht gerade leicht. Nachdem ich alle Comic-Helden und Götter innerlich um Hilfe gebeten habe, bin ich in meiner Wohnung angekommen. Beim Aufsperren der Tür kippt eine Einkaufstasche um, wodurch die Milchpackung zu Schaden kommt. Aber es ist nicht so schlimm. Ich mache die Tür hinter mir zu und stelle die Taschen in die Küche.

Die Wohnung ist stickig und staubig. Ohne die Schuhe auszuziehen, gehe ich von Zimmer zu Zimmer und mache die Fenster auf. Bei einer Ein-Zimmerwohnung brauche ich nicht lange dafür. Nachdem ich mir die Schuhe ausziehe, schlichte ich die Einkäufe ein. Auf die Milch muss ich besonders gut aufpassen, weil sie irgendwo ein Leck hat. Die anderen Milchprodukte und das Bier schlichte ich in den fast leeren Kühlschrank ein. Die Kühltruhe ist hingegen voll mit Pizzen, Baguettes, Pommes, Nuggets, Fischstäbchen, Lasagne und, und, und... An Fertiggerichten hat es bei mir noch nie gemangelt. Eine Bierflasche presse ich zwischen die Fast-Food Sachen hinein, damit sie schneller kühl und besser genießbar wird. Nach fünf Minuten bin ich mit dem Schlichten fertig. *Neuer Rekord!*

Auf dem Tisch liegt noch die Schachtel der zweiten Pizza von der gestrigen Bestellung. Die Pizza gebe ich gleich in den Herd zum Aufwärmen, dann verzehre ich sie auf der Couch. Mein kurzer Besuch beim Supermarkt hat mich offensichtlich sehr müde gemacht. Ich fühle mich total erschöpft, als hätte ich eine Woche ohne Pause durchgearbeitet. Meine Augen werden schwerer, langsam schließen sie sich, und letztendlich nicke ich ein.

Ein paar Stunden später, so zuerst meine Wahrnehmung, werde ich durch ein Brüllen geweckt. Es ist schon dunkel geworden. Ein Blick auf die Uhr verrät mir die Uhrzeit, es ist kurz nach Mitternacht. Mit halb geschlossenen Augen und im Schneckentempo bewege ich mich zum Fenster und sehe nach, was los ist. Vom streitsüchtigen Pärchen aus dem gegenüberliegenden Gebäude fehlt jede Spur. *Ob sie jetzt endgültig die Beziehung beendet haben?*

»Wos is'n mit dir?!«, brüllt jemand mehrmals hintereinander. Es ist die Nachbarin über mir. Ich hasse diese Proletin. Ich werde eine Weile warten, bevor ich die Polizei anrufe, um die Lärmbelästigung zu melden. »Heast! Wos is'n mit dir, Oida?!«, schreit sie, lauter werdend, im Zimmer und stampft gleichzeitig mit den Füßen, während ihre zwei Hunde bellen.

Das Echo ihrer Schreie und das Bellen ihrer Hunde hört man sogar von draußen. Ich ertrage es nicht mehr und rufe die Polizei an. »Ich schicke Ihnen gleich jemanden vorbei«, versichert mir der nette Herr am Telefon.

Nach etwa eineinhalb Stunden trifft die Streife ein. Die beiden Beamten klopfen. Ich erkläre ihnen, was passiert ist, und schildere ihnen die problematische Situation mit der Nachbarin. »Keine Sorge, wir regeln das schon«, beruhigt mich ein Polizeibeamter. Gemütlich gehen sie die Treppen hoch und klopfen nach kurzem Zögern an der Tür.

Ich bleibe unten und lausche. Man hört die Schritte der Nachbarin, die zur Tür geht. Leise macht sie die Tür auf: »Ja?!« Sie spielt die Unschuldige und erklärt, sie habe die ganze Zeit geschlafen.

»Mit eingeschaltetem Licht?«, fragt der Beamte.

Als die Beamten nach ihrem Ausweis verlangen, wird sie lauter und es kommt zu einem Streitgespräch. Sie beschimpft die beiden und schlägt ihnen die Tür vor der Nase zu. *Die traut sich aber etwas.*

Man hört förmlich die Fassungslosigkeit der Polizisten

– eine Totenstille. Dann beginnt die Nachbarin, in der Wohnung schimpfend, Tische und Sesseln zu verschieben. Wahrscheinlich sucht sie nach ihrem Ausweis. *Bitte nimmt sie heute mit aufs Revier!*

Einen Moment später macht sie wieder die Tür auf: »Do hobns Ihr'n g'schissenen Ausweis!«

Sie wird belehrt. Eine Anzeige wegen Beamtenbeleidigung soll folgen. Nachdem sie den Vorfall erfasst haben, kommt ein Beamter zu mir herunter und erklärt, dass die Nachbarin angetrunken sei. Ich teile ihm mit, dass ich fast täglich mit der Lärmbelästigung konfrontiert bin. Der zweite Beamte schließt sich dem Gespräch an. Sie empfehlen mir mit »Wiener Wohnen« in Verbindung zu treten – was ich bereits gemacht habe, ohne Wirkung.

Ich bedanke mich bei den Beamten für ihren späten Einsatz. »Kein Problem, rufen Sie einfach an, wenn wieder was ist«, werde ich getröstet.

Ich bedanke mich nochmal und schließe die Tür nach einem »Auf Wiedersehen!« ab. Gerade, als ich annehme, dass die Nachbarin sich beruhigt hat, dreht sie die Musik voll auf. Ich bin fassungslos. *Gott, was habe ich dir nur getan?!*

Übermüdet ziehe ich den Polster und die Decke über meinen Kopf. *Ich hoffe, dass ich nicht ersticke.*

Kapitel 2
Integration:
Marketing oder Missbrauch?

»Allahu Akbar, Allaahhhuuu Akbar!« – mich reißt es wieder aus dem Bett. *Was ist passiert? Ach...*

Ich mache mich blitzartig fertig. Denn ein Zuspätkommen könnte meine Existenz gefährden. Statt Zähneputzen werfe ich mir eine Packung Kaugummis in den Mund. Dann ziehe ich mir die Schuhe und das Hemd gleichzeitig an. Dabei fällt mir auf, dass ich zwei unterschiedliche Socken angezogen habe – egal, sieht ja keiner! Ich betrachte kurz mein verschlafenes Wesen im Spiegel. *Oh mein Gott, was für eine Schönheit!*

Eilig mache ich mich auf den Weg zur Haltestelle, wo ich mich auf einen Sitzplatz fallen lasse. Mit müden Blicken beobachte ich die Arbeiter, die neben einem Bürogebäude Plakate auf Holzwände kleben. Eines haben sie anscheinend schon fertig, mit griffigen Slogans zum Thema Integration. Illustriert wird das durch eine blonde Dame, die – mehrere bunte Personen umarmend – zur Integration aufruft. Alle wirken fröhlich. Sie lächeln und zeigen die Zähne. *Ob die Dame sich in der Realität wirklich so verhält?*

Nach wenigen Minuten kommt die Straßenbahn. Sie ist etwas überfüllt, aber die meisten steigen aus. Ein älteres, gebrechliches Pärchen braucht eine Weile. »A Wahnsinn, de solln sih endlich integriarn!«, beklagt sich der Mann beim Aussteigen, mit rotem, wütendem Gesicht.

Seine Begleiterin wirkt auch sehr gereizt. Beim Einsteigen treffe ich eine Gruppe von Jugendlichen an, die lautstark in halb fremdländischer, halb deutscher bzw. Wienerischer Sprache herumbrüllt und -blödelt. Offenbar Jugendliche mit sogenanntem »Migrationshintergrund«. Es ist eine bunte Gruppe. Das Lachen eines der Jugendlichen ist so widerlich, dass ich mir vorstelle, meine Schuhe in sein Maul zu stopfen. Einer älteren Dame ist es so unangenehm, dass sie aufsteht und sich weiter nach hinten setzt. Ich geniere mich für die Jugendlichen – und für die Mitfahrenden, die nur zu- oder wegsehen. *Bitte, Gott, lass sie bei der nächsten Station aussteigen!*

Ich möchte mir eine Eskalation ersparen, wobei der laut lachende Junge es mir nicht leicht macht. Tatsächlich steigen sie bei der nächsten Station aus. *Hätte ich doch auch gleich für einen 6er im Lotto gebetet – verdammt!*

Die erziehungslose Gruppe hinterlässt Essensreste und halb geleerte Getränkedosen. *Ich muss jetzt aussteigen.*

Die Menschen, die mit mir aus der Straßenbahn ausgestiegen sind, rennen mit mir hinunter, um noch die U-Bahn zu erwischen. *Warte mal, wieso renne ich überhaupt? Die nächste würde sowieso in wenigen Minuten kommen.*

Rechtzeitig, als die roten Warnleuchten an den U-Bahntüren blinken und der Fahrer »Zug fährt ab!« ruft, schaffe ich es, hineinzuspringen. Mit mir quetschen sich zwei kleine Mädchen hinein, eine kopftuchtragende Frau bleibt jedoch zwischen den Türen stecken.. Die Türen müssen nochmal auf und zu. »Wenn i sog: Zug fährt ab, dann gült des a für di Kopfticherl!«, ruft der U-Bahn-Fahrer aus dem Lautsprecher.

Die Frau wird von den Fahrgästen angestarrt. Viele können sich ein Schmunzeln nicht verkneifen. Sie wird rot im Gesicht.

»Anne canın acıdı mı?« (Mami, hast du dir wehgetan?), fragt eines der beiden Mädchen. Sie ist offenbar die Mutter von den zwei kleinen Mädchen.

»Hayır aşkım, birşey olmadı.« (Nein Schatz, es ist mir nichts passiert.), antwortet sie und streichelt die Wange der Kleinen.

Die Kinder sind komplett mit pinken Hello Kitty Sachen gekleidet, was ihre bleichen Gesichter noch mehr in den Vordergrund rückt. Mir wird heiß. Ich spüre, wie die Hitze an meinen Wangen hochsteigt. Mir ist die Situation auch unangenehm. Sie hätte ja auf die nächste U-Bahn warten können. Aber meine Mutter ist auch nicht viel anders.

Bei der nächsten Station steigt die Frau mit ihren Kindern aus – vielleicht, weil ihnen die Situation unangenehm war. Nach ein paar Stationen steigt eine Gruppe von Jugendlichen ein, die sich lautstark unterhalten und herumblödeln, wie die Jugendlichen, die mir in der Straßenbahn begegnet sind. Diesmal sind es aber Einheimische, die sich auf »Bam Oida«-Deutsch gegenseitig anbrüllen. Komischerweise fühlt sich keiner gestört, was ich mir nicht erklären kann.

Die U-Bahnen finde ich im Vergleich zu den Straßenbahnen generell etwas deprimierend. Die einzige Aussicht, die man hat, sind die müden Gesichter der Passagiere oder die Dunkelheit draußen.

Augenkontakt wird prinzipiell als unangenehm empfunden und daher vermieden. Also kann ich nicht geradeaus schauen, wenn jemand mir gegenüber sitzt. Meistens wird einfach auf den Boden gestarrt. Damit es nicht blöd aussieht, spielt man mit dem Handy, surft im Internet oder blättert seine Musikalben durch, während man mit den Kopfhörern Musik hört. Manche lesen Gratis-»Zeitungen«, die bei jeder U-Bahn- und Schnellbahnstation erhältlich sind. Manchmal werden sie vom »Zeitungs«-Personal selbst verteilt, natürlich mit einem Lächeln im Gesicht. Sie müssen sie ja nur verteilen, nicht lesen. Sogar in einigen Bäckereien liegen diese Gratis-»Zeitungen« zur freien Entnahme auf, zusammen mit einem Migranten-Magazin in einer speziell angefertigten Box. Alle haben dieselbe inhaltliche – nun ja – Qualität: oberflächlich, manchmal auch falsch informierend, hetzerisch und womöglich von Parteien gekauft. Ich habe sie zu Hause aufgestapelt. Nicht zum Lesen, ich verwende sie als Mal- oder als Schuhunterlage. In seltenen Fällen, wenn das Klopapier ausgeht, kommen sie auch auf andere Weise zum Einsatz.

Ungewollt wandern meine Blicke in der U-Bahn zu meinem Sitznachbarn, der eine Zeitung aufgeschlagen hat. Ich lese automatisch mit. Die Schlagzeile ist nicht zu übersehen: »Tschetschenen-Bande«, darunter groß platziert ein Foto von Jugendlichen. *Gott sei Dank blättert er weiter.*

Ich erkenne aber noch die Begriffe »Integration«, »Migrant« und »Migrationshintergrund« wieder einmal, wie so oft, mit problematischen Inhalten verknüpft. Die Diskussionen gehen von Kopftuch bis hin zu Beschneidungen, wobei es meistens nicht für nötig befunden wird, die Betroffenen selbst in die Diskussion einzubinden. Es gibt anscheinend genug »Experten«, die besser Bescheid wissen.

Auf der Rückseite der »Zeitung« wirbt heute eine Bäckerei, die mit Stolz auf ihr vielfältiges Personal hinweist. Das Thema Integration spielt anscheinend auch für die Unternehmen eine große Rolle. Manche haben sogar begonnen, ihre Produkte oder Dienstleistungen mehrsprachig anzubieten. Alles im Interesse der Integration, sagen die Unternehmer. *Klar.* Ich bin etwas erstaunt über diese »positiven« Seiten der Integrationsdebatte. Mir wird schlecht. Ich muss mich übergeben, aber halte mich zurück. Die Passagiere schauen mich mit urteilenden Blicken an. Vielleicht merkt man mir es an, dass es mir schlecht geht. Oder wissen sie etwa, dass ich auch einen Migrationshintergrund habe? Das kann nicht sein. Optisch unterscheide ich mich kaum von Einheimischen, also muss es einen anderen Grund haben.

Ein älterer Herr murmelt: »Schon wieder so ein Migrant!«

Er meint wahrscheinlich den Zeitungsartikel, starrt mich kurz an und sieht wieder weg, verzieht seinen Mundwinkel und schüttelt den Kopf. Ich sehe weg, kann es nicht fassen. Vielleicht spielt auch meine Wahrnehmung verrückt. Bei der nächsten Station muss ich schon aussteigen. Ich verdränge dieses Erlebnis und gehe die Rolltreppen hinauf, wo ich von dem Duft, der aus einer Bäckerei kommt, abgelenkt oder besser gesagt angezogen werde. Es riecht herrlich nach süßem Gebäck. Automatisch läuft mir das Wasser im Mund zusammen. Blitzartig drehe ich mich in Richtung der Bäckerei und bewege mich im schnellen Tempo auf sie zu. Ganz groß über dem Geschäft lese ich sympathische Slogans, die für Vielfalt werben.

Viele Menschen haben sich angestellt, ihre hungrigen Blicke wandern zwischen den Gebäcksorten hin und her. Die große Auswahl an Leckereien lässt sie unentschlossen dastehen. Ich stelle mich dazu und starre die Mehlspeisen an. Das mit Erdbeeren bestückte Gebäck sieht traumhaft aus. Die glasklare Glasur, die die saftig aussehenden Erdbeeren bedeckt, reflektiert das Licht in meine Richtung. Außen ist sie rundherum mit Schlagobers geschmückt. Der wenige Teig, den man nur beim Hinknien erkennt, sieht knusprig aus. *Ich muss dieses Erdbeergebäck haben! Koste es, was es wolle!*

Die Verkäuferin nähert sich mir: »Bitteschön der Herr!«

Aus ihrem Namensschild lese ich heraus, dass sie türkischstämmig ist. Ich nutze die Gelegenheit und gebe der netten Mitarbeiterin dieser weltoffenen Bäckerei meine Bestellung auf Türkisch bekannt. Sie reagiert nicht. *Wieso sieht sie mich so überrascht an?*

Ich wiederhole mich und gebe die Bestellung mit einem langsamen Tempo auf. *Komm schon!*

Sie wirkt etwas verwirrt. »Tut mir leid«, sagt sie. Sie dürfe in der Arbeit mit Kunden nicht türkisch reden, beichtet sie mit einem traurigen Gesichtsausdruck. *Wieso das?! Die Werbungen, das Zitat, die Reklame der Bäckerei erwecken doch einen anderen Eindruck!*

Ich möchte von ihr wissen, ob alle nichtdeutschen Sprachen verboten seien. Sie verneint: »Englisch, Französisch und Italienisch sind erlaubt. Bosnisch, Kroatisch, Serbisch dürfen wir aber auch nicht reden«, erklärt sie mir die Anordnung der Bäckerei.

Ich bin schockiert. *Danke, mir ist der Appetit vergangen.* Ich drehe mich um und verlasse den U-Bahnbereich, dessen Ausgang sehr chaotisch aussieht. *Was ist denn hier passiert?*

Überall liegen zerrissene Gratis-»Zeitungen«, die der Wind verweht hat. Bei einer ist eine Bierdose aufgestellt, in der noch etwas drinnen ist. Ich kann der Versuchung nicht widerstehen und kicke die Dose weg. *Oh je, da war ja noch jede Menge Bier drinnen.*

»Heeeyy! Wos kickst mei Bier weg, Oida?! Trottl du!«, werde ich angeschrien. Es ist ein Prolet, der sich mir rasch nähert. Ich gehe schnell über den Zebrastreifen, obwohl es schon rot ist. *Hoffentlich bleibt er stehen und folgt mir nicht mehr.*

Er bleibt stehen und kehrt um. *Gott sei Dank!*

Davor winkt er mir zu, mit seinen beiden Mittelfingern. *Was für ein netter Prolet. Tschau, bis morgen!*

Ich muss noch die Einkaufsstraße entlanggehen, um an mein Ziel zu kommen. Unterwegs werde von unzähligen Zeitschriften-Verkäufern angesprochen: ob ich Kleingeld für sie hätte? *Wie oft noch, ich habe selber kein Geld!*

Am Ende der Einkaufsstraße sind mehrere Stände aufgestellt. Bei einem werden Kondome an Passanten verteilt. Ich nehme mir kurz Zeit und frage kurzerhand die kurzsichtige Dame mit kurzen blonden Haaren und kurzen Beinen am Stand nach dem Zweck, während ich unauffällig eine Handvoll Kondome in die Hosentasche einstecke. Sie seien für mehr Geschlechtsverkehr zwischen den Kulturen, nur so könne Integration funktionieren, erklärt sie mir augenzwinkernd. Sie gefällt mir aber nicht. Also verlasse ich ihren Stand als Integrationsunwilliger und gehe zum nächsten weiter. Dort gibt es Gratis-Kostproben: Milch in kleinen Packungen, die auf Türkisch und Deutsch beschriftet sind. Der Widerstand gegen diese Milchpackungen sei groß, sie würden sogar boykottiert, erzählt mir ein Standsteher.

Beim nächsten Stand werden Migranten-Magazine verteilt, die ich mit den Gratis-»Zeitungen« zu Hause gestapelt habe – neben dem Klo. Daneben posiert ein blonder Jungpolitiker mit nach hinten gegelten Haaren und einer Gruppe von ausländisch aussehenden Jugendlichen vor der Kamera. Man hört diverse Integrations-Slogans. Wahrscheinlich für eine Shampoo-Werbung, denke ich mir zuerst. Aber dann stellt sich heraus, dass er der Sponsor dieses Migranten-Magazins ist. *Scheiß Integration!*

Bevor ich auf die Idee komme, mit meinen Schuhen nach der Gruppe zu werfen, bewege ich mich weiter, um mich nicht zu verspäten. Außerdem könnte man mich angesichts meiner unterschiedlichen Socken für einen Teil dieser Werbekampagne halten...

Wenige hundert Meter von meinem Ziel entfernt sehe ich eine Gruppe von Menschen vor von einem Elektro-Geschäft stehen. Neugierig starren sie auf die aktuellen Meldungen, die auf den Bildschirmen zu lesen sind. Es sind mehrheitlich Senioren. »A Wahnsinn! Wirklich«, sagt eine ältere Dame unter ihnen mehrmals und schüttelt den Kopf, während sie eine Hand an der Wange hält. Sie wirkt schockiert.

Ich bete, dass es nicht um eine Straftat geht, für die wir »bösen« Migranten oder Muslime ins Fadenkreuz genommen werden. Ich stelle mich dazu und lese mit. Es handelt es sich um einen Amoklauf im Ausland. Man weiß noch nicht, wer der Täter ist. Es kommt zu einer Diskussion innerhalb der Gruppe. Sie spekulieren über das mögliche

Motiv des Täters. Ich gebe meinen Senf dazu: »Vielleicht sind es muslimische Terroristen gewesen?!«

Die Spekulation kommt offensichtlich gut an. Ich sehe nur nickende Köpfe, alle synchron.

Kapitel 3
Auf dem Fließband des
Arbeitsmarktservice (AMS)

Es hat zu regnen angefangen. Gut, dass ich den Termin diesmal zu Mittag habe. Letztes Mal mussten wir im kalten Regen vor dem Eingang warten, weil das Gebäude noch versperrt war. Das war nicht angenehm. Im Winter, bei Minusgraden ist es natürlich am unangenehmsten – fast eine Qual. Als ob sie das mit Absicht machen würden, um die Leute zu verscheuchen. Dabei assoziieren viele das Arbeitslossein mit Nichtstun. Wenn sie nur wüssten, welchem Stress diese Menschen ausgesetzt werden.

Wie auch immer. Beim Betreten des Gebäudes beginnt mein Herz zu rasen. Ich habe auf einmal Magenschmerzen und spüre eine Last auf meinen Schultern, als würde jemand auf mir sitzen. Im Warteraum ist die Atmosphäre wesentlich besser als draußen. Man kann Platz nehmen und gemütlich warten, bis man aufgerufen wird – ohne dabei angeschrien zu werden, wie das bei anderen Ämtern der Fall ist.

Sitzend beobachte ich, wie aus verschiedenen Türen die Berater und Beraterinnen hinaus kommen und die Leute aufrufen. Irgendwie sieht das lustig aus. »Herr Maier?!«, ruft eine Beraterin. Niemand meldet sich. Offensichtlich ist Herr Maier nicht da. Vielleicht hat der Glückliche schon einen Job.

Dieselbe Beraterin ruft die nächste Teilnehmerin auf: »Frau Stankovic?!« Sie hat den Namen falsch ausgesprochen. Frau Stankovic steht trotzdem auf.

In der wartenden Menge ist auch ein Security-Angestellter zu sehen, der in der hinteren Hosentasche die Gratis-»Zeitung« von heute stecken hat. Wahrscheinlich für den Fall, dass er aufs Klo muss.

Die Tür vom Zimmer Nr. 1.005 geht auf. Ich glaube, jetzt komme ich dran. »Herr Gödöllö?!«, ruft die Beraterin.

»Hier!«, melde ich mich. »Übrigens, ich heiße Gördesli.«, korrigiere ich die Beraterin.

»Wie? Grödesli?«, will sie wissen.

»Nein, Gördesli!«, wiederhole ich laut.

»Sag ich ja, Herr Grödesli, kommens rein«, bittet mich die Beraterin lächelnd ins Zimmer hinein. *Macht sie das etwa absichtlich?*

Ich bin etwas verängstigt, mein Herz rast wieder. Auch die Magenschmerzen sind noch vorhanden. Aber ihr Lächeln beruhigt mich ein wenig.

Wir begeben uns zu ihrem Schreibtisch, wo ich Platz nehmen darf. Sie überprüft offensichtlich meine Daten und fragt mich, ob ich schon einen Job in Aussicht hätte: »Du haben schon bald Job?«

Ich antworte mit »Nein, leider« und teile ihr mit: »Sie können mit mir ruhig deutsch reden.«

»In Ordnung«, erwidert sie lächelnd. Als sie mir einen neuen Termin geben und das Beratungsgespräch damit offenbar beenden will, ergreife ich die Initiative und spreche sie auf meinen Anspruch auf Mindestsicherung an. Diesmal bin ich vorbereitet, denn mein früherer AMS-Berater hatte mir Informationen über meine Ansprüche vorenthalten. Obwohl ich ihn bei mehreren Sitzungen darauf aufmerksam gemacht hatte, dass meine Existenz gefährdet sei, hatte das Arschloch immer nur mit der Schulter gezuckt und gemeint: »Suach'ns afoch weider« *Das darf kein zweites Mal passieren!*

Die Beraterin wirkt überrascht. Sie blickt nachdenklich auf den Monitor ihres Rechners, während sie den Fingernagel ihres Daumens mit den Zähnen bearbeitet. Dann stellt sie mir ein paar Fragen zu meiner letzten Beschäftigung und meint, sie werde mit den Beschäftigungszeiten ein bisschen »spielen« müssen, damit ich die Mindestsicherung erhalte. Sie tippt ein wenig herum und klärt mich nebenbei über meine Rechte und Ansprüche auf. Ich werde darauf hingewiesen, dass es Steuergelder sind und auf nette Weise ersucht, so rasch wie möglich einen Job zu finden. Ansonsten werde ich in die Kurse gesteckt, heißt es.

Ich bedanke mich herzlich und verabschiede mich. Die Beraterin lächelt mich an und begleitet mich zur Tür, wo sie den nächsten Teilnehmer hineinruft: »Herr Schloßhofer?!«

»Jawohl!«, schreit ein Herr aus der Menge im Warteraum, der seine Unterlagen noch schnell ordnet, ehe er aufsteht.

Und dabei dachte ich, dass beim AMS nur »Ausländer« auf Jobsuche sind.

Voller Freude und Erleichterung renne ich die Stufen hinunter. Im Erdgeschoss kommt mir der Security-Angestellte entgegen, der gerade das Herren-WC verlässt. Die Gratis-»Zeitung« ist nicht mehr zu sehen. *Also doch!*

Der Regen hat aufgehört, die Sonne scheint. Die Vögel zwitschern, der Wind weht und lässt die Bäume tanzen.

Der Sommer hat sich sozusagen in den Frühling verwandelt. Zum ersten Mal verlasse ich eine städtische Einrichtung mit einem Lächeln im Gesicht. Auf dem Weg nach Hause fange ich sofort an, meine Bilanzen zu kalkulieren. *Wem schulde ich noch Geld? Dem Masood, der Valentina und, ach ja, der Christian hat mir auch etwas geborgt. Die offene Miete und die Stromrechnung sollte ich ebenfalls bald zahlen...*

Während ich noch in Gedanken bin, werde ich in der U-Bahnstation von einer jungen Dame auf Türkisch angesprochen: »Merhaba!« (Hallo). Ich schaue sie verwirrt an. *Wer ist das bloß und was will sie von mir?*

»Tanımadın mı beni?« (Erkennst du mich nicht?), fragt sie. Ach, es ist die Verkäuferin aus der Bäckerei, bei der ich heute auf Türkisch bestellen wollte. *Was macht sie hier?*

»Tanıdım, tanıdım«, antworte ich.

»Es geht leider nur ums Geld und nicht um Integration oder Vielfalt«, erzählt sie mir enttäuscht. Es tue ihr auf jeden Fall leid, weil sie mich vor der ganzen Kundschaft dumm dastehen habe lassen. *Sie ist lieb.* »Wir könnten unsere Jobs verlieren«, teilt sie mir ihre Sorge mit.

Ich versichere ihr, dass ich ihr nicht böse bin.

Sie lächelt und bedankt sich.

Als die U-Bahn kommt, greift sie schnell in ihre Tasche und drückt mir ein rotes Päckchen in die Hand, auf dem das Logo der Bäckerei abgebildet ist: »Hier, das ist für dich.«

Ich nehme es an und werfe einen Blick hinein. Es ist das Erdbeergebäck, das ich haben wollte. Ich bin gerührt.

Sie entfernt sich wieder von mir.

»Fährst du nicht mit?«, frage ich sie mit gläsernen Augen. Irgendwie will ich nicht, dass sie mich wieder verlässt. *Sie soll meine Frau werden!* Sie verneint, sie wohne hier in der Nähe. Sie sei mir nur schnell gefolgt, um die Sache zu klären. Sie hätte ansonsten ein schlechtes Gewissen gehabt. Langsam entfernt sie sich von mir. Ich bin schon mit einem Fuß in der U-Bahn drinnen und beobachte sie von hinten. Sie bewegt sich in Zeitlupe, wie man es aus Filmen kennt. Der Wind weht ihre welligen, langen Haare hin und her. Jeder Schritt, mit dem sie sich von mir entfernt, fühlt sich wie ein Faustschlag gegen meinen Magen an. *Ist das Liebe?*

»Bitte alle einsteigen!«, ruft der U-Bahnfahrer. *Es ist vorbei. Ich werde sie vermutlich nie wieder sehen.* Ich steige ein und nehme Platz. Die Abschiedsszene geht mir irgendwie nicht aus dem Kopf, bis ich auf das muslimische Pärchen aufmerksam werde, das vor mir sitzt.

Der Mann ist dunkel und so stark behaart, dass seine Augenbrauen eine dicke, gerade Linie bilden und seine Brusthaare bis zu seinem Kinn reichen. Mit dem Aussehen und Outfit könnte er glatt als Terroristen durchgehen. Und ich dachte, dass ich keine Vorurteile habe. *Vielleicht sollte ich mir nicht so oft Hollywood-Filme ansehen.*

Seine Frau ist im Vergleich zu ihm heller. Sie trägt ein langes, schwarzes Tuch über ihrer weißen Bekleidung, mit dem sie auch den Kopf bedeckt hat. Es sieht arabisch aus, wahrscheinlich kommen sie aus Ägypten. Bevor ich noch weiterspekulieren kann, klingelt ein Handy. Es gehört dem Mann, der eine Weile braucht, es aus der Hosentasche zu nehmen. Er geht ran, spricht aber kein Arabisch, was mich überrascht, weil ich normalerweise beim Einschätzen sehr gut bin. Er unterhält sich lautstark mit seinem Gesprächspartner. Je mehr Quietsch- und Wackelgeräusche die U-Bahn von sich gibt, umso lauter wird seine Stimme, sodass er am Ende nur noch brüllt. Ich werde von Speichel getroffen und ich höre etwas italienisches in seinem Ton heraus, das ständig die Worte »Fanculo Fanculo.« wiederholt. Was es auch bedeuten mag.

Ich ahne Böses und beobachte neugierig die Passagiere. Wer von ihnen wird den Typen wohl zuerst auffordern, sich leise zu unterhalten oder sich zu integrieren. Es scheint aber niemanden zu stören. *Ach ja, Italienisch ist ja ok.* Die Passagiere lesen weiter ihre Gratis-»Zeitungen« oder spielen mit ihren Handys. Nach fünf Minuten beendet er das Gespräch. *Gott sei Dank!*

Sonst hätte ich ihm eine Gratis-»Zeitung« in den Hals gestopft. Ich fühle mich erleichtert. Die Kopfschmerzen lassen nach. Zu früh gefreut. Jetzt nimmt die Frau das Handy heraus, das offensichtlich auf Vibration gestellt war. »Hallo?«, flüstert sie.

Mit der anderen Hand deckt sie ihren Mund und das Mikrofon ihres Handys ab. Als würde sie wollen, dass man ihr Gesicht nicht sieht. Sie wirkt etwas schüchtern und verängstigt. Die Frau flüstert weiter. Ich höre einige deutsche Wörter heraus, während ich merke, wie die Passagiere unruhig werden. Einige blicken sie schon böse und urteilend an.

Aha! Das erste Kopfschütteln. Eins, zwei, drei, vier – fange ich wieder zu zählen an. Das erste Murmeln! »Scheiß Muslime«, sagt einer leise. Der Frau fällt es auf. Sie wird ebenfalls unruhig. Mein Herz beginnt wieder zu rasen, meine Hände und Beine zittern. Ich habe Angst vor einer

Eskalation. Eine Diskussion würde ich psychisch nicht verkraften. *Wie soll ich sie verteidigen? Wie soll ich Zivilcourage zeigen?*

Am liebsten würde ich eigentlich auf die murmelnden Fahrgäste einschlagen. Aber dann würde am nächsten Tag vermutlich mein Bild die Titelseite einer Gratis-»Zeitung« schmücken – da bin ich mir sicher!

Mir wird schwindlig. Ich glaube, ich werde grün: »Wooaarrr!« – ich reiße mir schreiend die Kleidung vom Leib. Als ich mein Spiegelbild in der Fensterscheibe betrachte, sehe ich, dass es nur eine Einbildung ist.

»Jez hörns mal bitschen!«, wendet sich die muslimische Frau an die Fahrgäste, die sich durch sie gestört fühlten.

In der Hand hält sie noch das Handy, aus dem Stimmen zu hören sind: »Hallo? Hallo? Bist du noch dran?«

»Hob'ns scho mal wos von Respekt g'hört?! A Wahnsinn, de Leut' do!«, steht sie auf, begibt sich kopfschüttelnd zur Tür und steigt aus.

Sie kann aber gut Deutsch, sogar mit einem Wiener Akzent, denke ich mir verblüfft. Ein Vorbild für die gelungene Integration.

Mir fällt auf, dass sie auf ihrem Sitzplatz ihr Buch, auf dem eine Kette mit Anhänger liegt, vergessen hat. Die U-Bahn ist aber wieder in Bewegung und verlässt die Station. Ich schaue aus dem Fenster, um ihr ein Zeichen zu geben, dass sie ihre Sachen vergessen hat – vergeblich. Sie ist nicht mehr zu sehen. Neugierig werfe ich einen Blick in ihr Buch. »Die Bibel« steht in Großbuchstaben darauf. Bei näherer Betrachtung ihrer Kette merke ich, dass es sich um einen Rosenkranz handelt. Das war also keine Muslimin. Ich bin baff. Die anderen Fahrgäste haben das nicht mitbe-

47

kommen. Sie scheinen zur Normalität zurückgefunden zu haben, nachdem die Nonne, die sie für eine Muslimin gehalten haben, die U-Bahn verlassen hat. Das sollte ich ihnen eigentlich unter die Nase reiben.

Zu Hause angekommen, ziehe ich mich wie gewöhnlich bis zu den Boxershorts aus und lasse mich auf die Couch fallen, nachdem ich den Fernseher eingeschaltet habe. Ein Reporter spricht, noch bevor das Bild des Nachrichtensenders erscheint. Hauptthema ist der heutige Amoklauf, den man in die Integrationsdebatte eingebunden hat. *Was soll der Scheiß?!*

Es scheint, dass man den Täter ausfindig gemacht hat. *Es ist kein Moslem! Juhu!*

Mit Freudensprüngen stelle ich mich unter die Dusche, ich möchte den Geruch des AMS-Instituts loswerden. Die kalte Dusche tut mir gut, ich fühle mich wie neugeboren. Bevor ich mich wieder auf die Couch lege, packe ich noch schnell meine Tasche aus. Die Blätter, die ich heute bekommen habe, lege ich auf meinen Schreibtisch.

Auf das Erdbeergebäck hatte ich völlig vergessen. Das Papier riecht noch nach der Verkäuferin. Ich nehme das Gebäck heraus und und schnüffle noch am Papier. Dann lege ich sie als Erinnerungsstück beiseite, das ich vielleicht einmal meinen Kindern zeigen werde, wenn ich ihnen erzähle, wie ich ihre Mutter kennengelernt habe.

Ich bringe es nicht übers Herz, das süße Gebäck zu essen, das so köstlich und unwiderstehlich aussieht wie heute in der Früh. *Ach, was soll's.*

Mit zwei Bissen ist es weg. *Ich hasse mich!*

Zurück bleiben nur die vielen Brösel und die Tränen in meinen Augen, die sich mit dem süßen Gebäck vermischen und ihm einen bitteren Nachgeschmack verleihen.

Kapitel 4
Die Zwangs-Maßnahmen
des AMS

Wie von meiner AMS-Beraterin prophezeit, erhalte ich wenige Wochen später eine »Einladung« zu einem Kurs. Es handelt sich aber eher um eine »Vorladung«, denn eine Ablehnung würde bedeuten, dass der Geldhahn abgedreht wird. Wenigstens war ich froh darüber, dass es kein Deutschkurs war. Ein ehemaliger Klassenkollege mit deutscher Muttersprache, dessen Ur-Ur-Ur-Ur-Großeltern seinerzeit aus Polen eingewandert sind, hatte weniger Glück und wurde angesichts seines Familiennamens von seinem AMS-Berater sozusagen in den Migrationshintergrund zurückgeschickt. Solche Pauschalentscheidungen sollen oft vorkommen, wie von Kursbesuchern berichtet.

Wie auch immer. Ich mache mich auf den Weg ins Institut, das den Kurs anbietet. In meinem Handy sehe ich nach der Adresse. *Verdammt!*

Ich habe mir nur die Straße aufgeschrieben, die Nummer fehlt. »Tschuldigung! Wissen sie, wo dieses Institut sich befindet?«, frage ich einen Radfahrer, der mir hilfsbereit den Weg erklärt und sich wieder auf die Straße begibt, wobei er von mehreren Autos gleichzeitig angehupt wird. *Aufpassen!* Er zeigt den Autos den Mittelfinger und düst weg. *Was für ein cooler Typ.*

Ich setze meinen Weg fort. Nach dem zehnten Wettbüro

biege ich rechts ab, bei der vierten Stripbar wieder links und weiter geradeaus. *Oder habe ich mir das falsch gemerkt?*

Nach wenigen hundert Metern duftet es schon nach Kebab. *Ich hab's doch richtig verstanden!*

Beim Dönerstand angekommen, kann ich der Versuchung nicht widerstehen und bestelle ein Kebab mit Schafskäse und viel Scharf. Beim Zubereiten spricht mich der Dönermann auf meinen Migrationshintergrund an. Das habe ich geahnt. Er fragt, woher ich komme: »Woher du kommen, Bruder?«

»Meine Eltern stammen aus der Türkei, Abi (Bruder).«, antworte ich und spüre, dass mir eine lange Unterhaltung bevorsteht. »Nasıl olsun kardeş?« (Wie soll's sein?).

Ich antworte auf Türkisch »mit allem« und bitte ihn, viel Fleisch hineinzutun.

Er geht auf mein Anliegen ein und unterhält sich mit mir, während er den Salat und die Tomatenscheiben hineingibt. »Memleket nere?« (Wo ist deine Heimat?) fragt er mich.

Ich muss eine Weile überlegen, weil ich mit dem Begriff Heimat nicht viel anfangen kann. Ich gebe einfach den Ort an, aus dem meine Eltern stammen. »Izmir«, antworte ich.

»Iyi iyi, güzel yer« (Gut gut, schöne Gegend.), sagt er darauf und übergibt mir den Kebab. *Riecht das aber gut!*

Ich reiche ihm das Geld, wofür er sich bedankt. Bevor ich mich umdrehe und auf eine Bank hinsetze, spricht er mich auf die Integrationspolitik an. *Ich habe es geahnt.* Er will wissen, ob neue Strafen für das Schulschwänzen eingeführt werden. Das Thema ist aktuell, und es wird vorwiegend im Zusammenhang mit Migranten diskutiert, obwohl auch Nicht-Migranten Schulen schwänzen.

Ich verneine und mache ihn darauf aufmerksam, dass nur die schon bestehende Geldstrafe erhöht wird.

»Die sind doch verrückt. Wissen die Politiker überhaupt, wie viel wir Bürger verdienen?!«, versetzte er auf Deutsch.

»Napıçaksın abi?« (Was will man dagegen tun, Bruder?), versuche ich ihn zu beruhigen.

Er hört nicht auf zu reden und argumentiert weiter. Er sei den ganzen Tag am Dönerstand. Seine Frau arbeite halbtags als Putzfrau und danach komme sie zum Stand, um auszuhelfen. Sein Gesicht ist rot vor Wut geworden und geht langsam ins Blaue über. »Sie reden immer von Integration, aber wissen nicht, wie wir hier leben müssen!«, sagt er fast schreiend in nicht akzentfreiem Deutsch, während er sein Dönermesser schärft.

Ich kann seine Reaktion nachvollziehen und habe den Eindruck, dass er und seine Frau nicht zu den Eltern gehören, die ihre Kinder bewusst vernachlässigen. Wie jene Mütter, die den ganzen Tag mit anderen Frauen auf den Spielplätzen sitzen und über die Nachbarschaft oder über türkische Schauspieler tratschen – und dabei nicht selten Film und Wirklichkeit verwechseln. Oder wie jene Väter, die ganztägig in Kneipen Bier trinken oder in Cafes Karten spielen. Manche zocken sogar mit den Kindergeldern ihrer Kinder in den Wettbüros und Casinos – aber der Staat verdient mit. Mir wird wieder schlecht.

Ich sage nur noch »Haklısın abi, haklsın.« (Hast Recht Bruder, hast Recht.) und kaue an meinem Döner weiter.

Nachdem ich den letzten Bissen verschlungen habe, bestelle ich noch ein Ayran (türkisches Joghurtgetränk) zum Nachspülen und begebe mich ins Institut, welches einem Labyrinth sehr ähnelt. Auf der Suche nach dem richtigen Raum kommt mir zufällig ein Teilnehmer entgegen, der mich nach dem gleichen Zimmer fragt. »Keine Ahnung!«, antworte ich ihm.

Wir machen uns zu zweit auf die Suche und gehen die Stockwerke hoch. Ich komme mir wie in einem Pacman-Spiel vor. Nach jedem Stockwerk schließen sich uns weitere Teilnehmer an. Wir sind jetzt zu sechst. Im vierten Stockwerk befindet sich das Zimmer, teilt uns ein Angestellter mit – tatsächlich. Wir gehen ins Zimmer hinein, wo bereits der Rest sitzend wartet. Es ist sehr ruhig. Manche spielen mit ihrem Handy, andere malen auf ein leeres Blatt Papier. Wiederum andere haben die Gratis-»Zeitungen« vor sich liegen. Ich habe bei manchen den Eindruck, dass sie sich nur die Bilder ansehen. Niemand traut sich zu reden.

Die Tische sind so hergerichtet, dass sie ein zusammengeschlossenes Rechteck bilden. Ein Flipchart mit Terminen wurde bereits vorbereitet. Eine Anwesenheitsliste liegt auf dem Tisch vor dem Eingang. Vom Trainer, der den Kurs abhalten soll, sieht man noch nichts. Wo ist er bloß? Ich nehme Platz und lege meinen Kopf auf den Tisch. Der Döner liegt mir schwer im Magen, als hätte ich einen Sack voller Steine verschluckt. Wir sind etwa zwanzig Personen im Raum, vorwiegend männliche Teilnehmer. Vom Aussehen her zu urteilen sind alle in etwa gleich alt.

»Guten Morgen, meine Damen und Herren!« Der Trainer hat offensichtlich den Raum betreten.

Mühsam hebe ich den Kopf und versuche eine aufrechte

Körperhaltung einzunehmen. Es sind zwei Personen, die wie Obdachlose angezogen sind und in ihren Unterlagen wühlen. Ich glaube, sie suchen nach der Anwesenheitsliste. *Sie liegt unter euren Taschen, verdammt nochmal!*

Einer der Trainer verlässt den Raum wieder. Offensichtlich geht er die Liste suchen. »So, der Kollege geht noch die Liste holen«, klärt uns der Trainer auf.

»Ich glaube, sie befindet sich unter Ihrer Tasche«, bemerkt einer der Teilnehmer.

»Ah, da ist sie ja, danke«, bedankt sich der Trainer. *Na endlich.*

Eine Weile später betritt der zweite Trainer wieder den Raum, ohne Liste, aber dafür mit zwei Bechern Kaffee. Sein Kollege teilt ihm mit, dass die Liste schon aufgetaucht ist. Sie sehen glücklich aus.

Währenddessen kommen die restlichen Teilnehmer, mit Verspätung. Anscheinend haben sie auch erst nach dem Zimmer suchen müssen.

»So, folgendermaßen schaut der Plan für die nächsten Tage aus...«, beginnt der Trainer. Er klärt uns über die weitere Vorgehensweise auf. Etwa zehn Minuten braucht er dafür, eine Gruppenaufteilung folgt. Wir werden wie bunte Eier nach AMS-Geschäftsstellen sortiert. Ich muss den Raum mit einigen anderen verlassen. Zwei Zimmer weiter gehören wir hin.

Der Raum ist viel kleiner als der vorherige. Wir warten hier ungefähr zu zwölft auf den Trainer. *Eine komische Partie.*

Ich fühl mich wie eine Sardine in der Dose, so klein ist der Raum. *Was mache ich nur hier?*

Auch hier sind die Tische in einem geschlossenen

Rechteck aufgestellt, nur näher zueinander, sodass man die Pickel im Gesicht vis-a-vis zählen kann. *Eins, zwei, drei, vier, fünf, sechs,... oh mein Gott! Ist das ein Pickel? Igitt! Sieben, acht, neun... – hör auf damit!*

Plötzlich sind von draußen Stimmen und Gelächter zu hören. Die eine Stimme kann ich dem Trainer von nebenan zuordnen. Die zweite hört sich sehr tief an, wie die von einem Opensänger.

Mir kommt das Lachen, aber ich halte mich zurück.

»So, meine Herrn und Dameeeen...«, ein kräftiger Typ tritt in den Raum ein.

Einige der Teilnehmer, die mit dem Rücken zur Tür sitzen, erschrecken kurz, als sie die tiefe Stimme hören und der dunkle Schatten des Trainers über sie fällt.

»Was zucken Sie?«, fragt der Trainer mit einem Lächeln und atmet schwer.

Ich glaube, er ist auch die Treppen hochgegangen.

»Hobn's etwa Angst vor mir? I tua Ihnen doch nix«, versichert er mit sanfter Stimme und grinst.

Aus dem Mund der Teilnehmer kommt kein Wort.

Neugierig beobachte ich die Situation. Der Trainer ist komplett schwarz angezogen, trägt eine schwarze Jeans und ein schwarzes Hemd, dazu schwarze Stiefel, eine schwarze Ledertasche und einen schwarzen Hut. Wenn er nicht so kräftigt gebaut wäre, könnte man ihn mit Indiana Jones verwechseln. Das mollige Gesicht mit dem Bart erinnert mich an einen Krieger in einem Wikinger-Boot. Er fängt an, seine Tasche auszupacken. Er packt einen blauen Schnellhefter aus, der oben durchsichtig ist. Man erkennt viele Zeilen und Spalten, es muss die Anwesenheitsliste sein. Bevor er sich setzt, hängt er die Tasche und den Hut an den Kleiderhaken. Es hätte viel cooler ausgesehen, wenn er den Hut auf den Kleiderhaken geworfen hätte.

Er nimmt ganz gemütlich Platz und nimmt die Liste aus der Hülle. Einzeln geht er die Namen durch, wobei er viele komplett falsch vorliest. *Ich heiße Gördesli, verdammt, nicht Grödeschl!*

Wie im Nebenzimmer zuvor, klärt er uns über den Wochenplan auf und verteilt die Informationsblätter, die wir gemeinsam durchgehen. Darauf steht, was uns Arbeitslosen alles nicht gestattet ist. Ich bin froh, dass uns wenigstens noch das Atmen erlaubt wird. Am Rande werden wir gefragt, ob wir unfreiwillig an dem Kurs teilnehmen. *Natürlich sind wir unfreiwillig hier, du Johnny!*

»Nur zu, ich bin nicht vom AMS. Ihr könnt mir das ruhig sagen«, versichert uns der Trainer. Es zeigen viele auf, die anderen sind wahrscheinlich zum Aufzeigen zu müde.

Es geht weiter mit der ruhigen, gemütlichen Stimme: *»Die, die jetzt aufgezeigt haben: RAUS HIER! IHR SOZI-ALSCHMAROTZER!! KOMMT NIE WIEDER HER!!«* – Das hatte ich mir nur so vorgestellt. Aber vielleicht hat er das innerlich gedacht.

Nach wenigen Stunden sind wir die paar Blätter durch. Jetzt kommt die zweite Runde, bei der wir die Personaldaten und die Kontonummer aufschreiben müssen. »Für die, die die Kontonummer nicht aufschreiben, gibt's ka Göd«, scherzt er.

Das löst Panik bei einigen Teilnehmern aus, die sich damit überfordert fühlen. »Wie soll ich meine Kinder ernähren, wenn ich ka Göd krieg?!«, schreit eine Teilnehmerin und schlägt mehrmals mit der Faust auf den Tisch. *Sie macht mir Angst.*

Ich bin etwas überrascht, dass sie in dem Alter schon Kinder hat. Neben ihr murmelt ein glatzköpfiger Teilnehmer mit Kappe vor sich hin, während er auf den Tisch starrt. Er traut sich seine Gedanken nicht laut auszusprechen.

»Beruhigen Sie sich. Des war ja nur a Scherzal«, sagt der Trainer mit sanfter Stimme. *Das wirkt.*

Die Teilnehmerin, die sich aggressiv bemerkbar gemacht hat, scheint aber noch wütend zu sein. Ich bin schockiert über das kindische Theater. *Was mache ich nur hier? Ich glaube, diese Frage werde ich mir noch oft stellen!*

Nachdem sich die Lage etwas beruhigt hat, machen wir eine Vorstellungsrunde. Ich sitze rechts vom Trainer und versuche gegen den Drang anzukämpfen, seine Barthaare zu streicheln. Er möchte links beim glatzköpfigen Teilnehmer mit der Kappe anfangen, der zuvor leise vor sich hin gemurmelt hat.

Er hat dunkle Kleidung an, die seine kalkfarbige Haut noch stärker betont. Sie reflektiert das Licht sogar, so hell ist sie. Er starrt weiterhin auf den Tisch und vermeidet Augenkontakt. Die schwarze Kappe soll ihn offensichtlich vor fremden Blicken beschützen, während die Kopfhaltung gerade noch sein Kinn erkennen lässt. Der Trainer braucht eine Weile, um ihn zu überreden, dass er sich uns endlich vorstellt. Im Gespräch stellt sich heraus, dass er der Neffe der Teilnehmerin ist, die sich zuvor aggressiv bemerkbar gemacht hat. Ein Fragezeichen schwebt über den Köpfen einzelner Teilnehmer. *Was passiert hier?*

Er hebt den Kopf hoch. Jetzt kann man die Piercings auf seinem Gesicht erkennen. *Eins, zwei, drei, vier,... – ich muss endlich damit aufhören!*

Er erzählt uns, dass er mehrmals von seinem Arbeitgeber beschimpft und misshandelt wurde, bis er keinen anderen Ausweg sah, als zu kündigen. Ich empfinde Mitleid. Die Vorstellrunde geht weiter mit seiner Tante, die zwei Jahre älter ist als er. Zufällig seien sie dem gleichen Kurs zugewiesen worden, antwortet sie auf die Frage des Trainers. *Was für ein Zufall.*

Sie sieht deutlich jünger aus als ihr Neffe, hat eine mollige Statur, kurze, rot gefärbte, fettige Haare und eine Brille mit dicken Gläsern. Ihr knallroter Pullover mit Kapuze lässt sie sehr kindlich aussehen. Sie habe die Hauptschule abgebrochen, weil sie keine Lust mehr gehabt habe. Ein Jahr lang habe sie in der Feinkostabteilung eines Supermarktes gearbeitet, bis sie schwanger geworden sei, erzählt sie. Zwei kleine Kinder habe sie und deshalb müsse sie heute den Kurs früher verlassen, fügt sie mit verschränkten Armen hinzu. *Ihre Kinder tun mir leid.*

Der nächste Teilnehmer erzählt, er habe zuletzt auf einer Müllanlage gearbeitet. Man habe ihn dort sogar zum Teamleiter befördert. Seine Köpersprache wirkt etwas suspekt. Die dicken Gläser seiner Brille lassen auch bei ihm wie bei der Teilnehmerin zuvor die Augen größer erscheinen. Irgendwie ähnelt er Harry Potter. In der oberen Tasche seines Hemdes stecken drei Kugelschreiber, an denen Spielzeugfiguren hängen. Es sind Papa Schlumpf, Schlumpfine und ein normaler Schlumpf. *Was zum Teufel?*

Er wirkt etwas verstört und kratzt sich beim Erzählen permanent am Hinterkopf. Mehrmals sei er von seinen Kollegen gemobbt worden, bis er schließlich den Job aufgeben musste, erzählt er stotternd. Er sei jetzt zum zweiten Mal bei so einem Kurs. Nachdem er fertig erzählt hat, rückt er die Brille zurecht, die etwas runtergerutscht ist. Es ist kurz still. *Ich glaube, dass ich in einem Alptraum bin. Ich möchte aufwachen!*

»Danke, der Nächste«, bittet der Trainer den nächsten Teilnehmer, sich vorzustellen. Dieser wirkt am Anfang auch etwas schüchtern. Er habe eine Lehre als Tischler gemacht und seitdem finde er keinen Arbeitsplatz, erzählt er uns, während er auf einem Papier zeichnet, in einer enttäuschten Körperhaltung. Seine Stimme ist auffallend tief und rau, sie hört sich nicht gesund an. Mir fällt auf, dass er öfters, aber unauffällig in meine Richtung blickt. Ich schaue ihn jedes Mal automatisch an, wenn er das tut. Er schmunzelt. *Ach du Scheiße.*

Ein wenig fühle ich mich belästigt. Später erfahre ich, dass er eine Frau ist. *Ich komme mir vor wie in einer Selbsthilfegruppe.*

Nachdem sich die restlichen deutschsprachigen Teilnehmer und Teilnehmerinnen mit ähnlichen Problemen vorgestellt haben, geht es weiter mit jenen, die einen sogenannten Migrationshintergrund haben. Auch hier werden ähnliche Werdegänge und Probleme erzählt. Schulabbruch, Probleme mit dem ehemaligen Arbeitgeber, Probleme mit der Arbeitssuche, und wenn man genau hinhört: familiäre Probleme. »Ich möchte Zimmermädchen werden«, antwortet eine Teilnehmerin auf die Frage des Trainers, was sie später einmal machen möchte.

Sie ist keine zwanzig Jahre alt, aber schon perspektivlos. *Wieso will sie diesen Job unbedingt machen?*

»Wieso wolln's diesen Job unbedingt machen?«, fragt der Trainer, als ob er meine Gedanken lesen kann. *Zieh dich aus und tanze auf dem Tisch, du Bär!*

Ich muss wieder lachen und kann es mir diesmal nicht verkneifen. Jetzt werden alle denken, dass ich über die ahnungslose Teilnehmerin lache.

Der Trainer versucht sie mehrmals zum Umdenken zu bewegen – vergeblich. Sie ist fest entschlossen Zimmermädchen zu werden. Sogar ihre Eltern hatten deswegen schon Streit mit ihr, doch sie konnte sich immer durchsetzen. Die Fragen erinnern mich ein wenig an meine früheren Bewerbungsgespräche, von denen ich nicht viele hatte. Die nächste Teilnehmerin erzählt, dass sie schwanger ist und eigentlich einen Job hat, sich aber derzeit in Karenz befindet. Das AMS habe sie trotzdem in den Kurs gesteckt. Sie habe einen sicheren Arbeitsplatz als Putzfrau in einem Bordell, gleich neben einem Casino, wo ich früher an Pokerturnieren teilgenommen habe. Das Bordell ist mir nie aufgefallen. Die Teilnehmerin ist serbischstämmig und lebt seit einigen Jahren in Wien. Sie redet aber genauso schlecht wie die aggressive Frau, die mit ihrem Neffen im Kurs sitzt. *Wer von den beiden ist eigentlich schlechter integriert?*

Der Teilnehmer rechts von mir ist nun dran, sein Name ist Danijel Kalashnikov. »Meine Mutter kommt aus Serbien und mein Vater aus Russland«, teilt er stolz mit.

Er ist groß und trägt Hip-Hop-Klamotten, die seiner schlanken Figur noch mehr Schlankheit verleihen.. Die grüne Sport-Kappe, die er trägt, passt überhaupt nicht zu seinem sonstigen Outfit. Seine Blicke wirken etwas kalt, sein Gesicht zeigt nicht die geringste Emotion. Die Augen glänzen, aber blinzeln kaum. Über seine Vorgeschichte möchte er nicht reden. Er und seine kleine Schwester haben Probleme mit seinem Stiefvater gehabt. Später werde ich erfahren, dass sein Stiefvater ihn täglich geschlagen hat, bis er das Haus verlassen musste – eine grauenvolle Geschichte.

Er hat bis jetzt auf dem Bau und auch bei seinem Onkel gearbeitet. »Ein anstrengender Job ist das!«, erzählt er.

Aber die Bezahlung sei gut. Jetzt würde er gerne im Verkauf arbeiten. Lagerarbeit würde auch in Frage kommen: »Halt irgendwas, was nicht mit Bau zu tun hat.«

Nun bin ich an der Reihe, der Blick des Trainers ist schon wartend auf mich gerichtet. Er gibt mir das Zeichen zum Loslegen, indem er die Augenbrauen zweimal hochhebt. *Passt schon, Indiana Jones!*

Ich überlege, wo ich anfangen und wie viel ich von meiner Bildung preisgeben soll, ohne überheblich zu wirken. Die höchste abgeschlossene Schulbildung in der Gruppe ist die Lehre, ich aber habe Studium und Matura. *Ach, was soll's.*

Ich halte einen fast einstündigen Vortrag über mein Leben. Ungewollt wird die Integrationspolitik angeschnitten. In gewissen Punkten unterscheiden sich meine Ansichten von denen des Trainers. Der Rest ist still und will oder kann nicht mitreden. Man merkt, wie manche langsam unruhig werden, als ob sie auf Nadeln sitzen würden. Andere sind hingegen ruhig und starren auf den Tisch. Vielleicht überfordert sie das Thema. Ich bin mir aber sicher, dass einige von ihnen noch heute im Internet anonym über die »Scheiß Ausländer« posten werden, wenn sie zu Hause ankommen.

Der Trainer registriert die emotionale Aufladung und beendet das Gespräch. »Was moch'n Sie eigentlich hier?«, fragt er mich verwundert.

»Naja, das AMS schreibt es halt vor«, antworte ich ärgerlich.

Er presst die Lippen zusammen, holt tief Luft und lässt sie wieder raus. »Und welchen Migrationshintergrund haben Sie?«, werde ich wie die anderen Teilnehmer am Ende der Vorstellung gefragt.

Ich hasse diese Frage.

Nach dem er die Antwort erhält, geht er mit einem »Guat« zum nächsten Thema über.

Der Kurs sieht Folgendes vor: eine Woche Bewerbungstraining, in dem den Teilnehmern beigebracht werden soll, wie man Bewerbungsschreiben erstellt. *Ich weiß doch, wie man eine Bewerbung und einen Lebenslauf verfasst!*

Danach gibt es spezielle Ausbildungen, die der Trainer mit Mühe auf ein Flipchart schreibt. *Was für eine furchtbare Handschrift. Man kann sie kaum lesen!*

Zur Auswahl stehen: Englisch für Fortgeschrittene, Staplerschein, Kommunikations-, Wirtschafts- und Computerausbildung. Bevor der Trainer mit seinen Erklärungen fortsetzt, zeigt schon einer auf. »I hob scho olle Kurse gmocht!«, teilt er lächelnd mit.

»Wie homs des geschofft?«, fragt der Trainer verblüfft.

»Najo, gonz anfoch. I moch den Kurs zum dritten Moi«, antwortet der Teilnehmer, ohne das Grinsen zu verlieren.

Damit bringt er die Gruppe zum Lachen. *Dabei wäre Mitleid wohl eher angebracht.*

Die Plätze für den Englischkurs sind begrenzt, nur zwei sind frei. Daher wird ein schriftlicher Test entscheiden, ob wir für den Englischkurs für Fortgeschrittene geeignet sind, meint der Trainer. Der Test besteht aus drei Blättern mit Sätzen, wobei das Prädikat jeweils entfernt wurde. Stattdessen füllt ein langer Unterstrich die Lücke. Rechts daneben stehen einige Prädikate zur Auswahl, pro Satz vier Stück.

Noch bevor ich anfange, kapitulieren drei Teilnehmer. Sie sind offensichtlich der englischen Sprache nicht gewachsen. Als ich bei der Hälfte bin, gibt ein Vierter seine Blätter ab. *Das kann doch nicht sein, so klug sieht er gar nicht aus.*

Nach wenigen Minuten bin auch ich fertig und gebe ab. Nachdem auch die Letzten abgegeben haben, klärt uns der Trainer über die weitere Vorgehensweise auf. Morgen ist Feiertag, daher kursfrei. *Yeah!* Bis zum nächsten Mal sollen wir uns für eine Ausbildung entscheiden. Ich schwanke zwischen der Kommunikations- und der Englischausbildung für Fortgeschrittene. Weil heute der erste Kurstag ist, dürfen wir das Institut ausnahmsweise früher verlassen. *Und nochmal ein Yeah!*

Die Teilnehmerin, die wegen ihrer zwei Kinder früher gehen wollte, scheint damit zufrieden zu sein.

Wir verlassen gemeinsam mit dem Trainer den Raum. Ich kann es nicht lassen und stelle ihn mir in einem Wikingerkostüm vor. *Oh Gott, siehst du cool aus!*

Draußen verabschieden sich einige voneinander, viele sind schon gegangen. Die Raucher bleiben noch auf eine Zigarette. »Bis übermorgen!«, verabschiede ich mich von der übriggebliebenen Gruppe.

Ich gehe zur U-Bahn zurück. Unterwegs winkt mir der Dönermann mit dem Dönermesser in der Hand zu.

»Kolay gelsin, abi!« (Einen ruhigen Dienst, Bruder), winke ich zurück.

Bei der vierten Stripbar, die zwei Tänzerinnen zum

Preis von einer anbietet, biege ich rechts ab. Geradeaus gehe ich wieder an den vielen Wettbüros vorbei, sie sind gut besucht, vor allem von Menschen mit sogenanntem Migrationshintergrund. Ich möchte gar nicht wissen, wie viele Familien darunter leiden.

Kapitel 5
Die Fortsetzung
des AMS-Traumas

Am übernächsten Tag stehe ich im Hof eines anderen Instituts, das so aussieht, als würde es gleich auf mich einstürzen. Vielleicht liegt es auch an der eintönigen, erdrückenden, grauen Farbe, die mich psychisch erstickt.

Ich muss an einer Rauchergruppe vorbei, da ich mich im Sekretariat über die Zimmereinteilung erkundigen muss. Dabei fallen mir die vielen Zigarettenkippen auf, die flach auf dem Boden liegen. Neben ihnen kleben zahlreiche alte Kaugummis, in verschiedensten Farben. Wie geplant, hole ich tief Luft und gehe in schnellen Schritten durch die Rauchwolke, bis meine Hand die Türschnalle findet. *Gefunden!*

Als sich die Tür hinter mir von alleine schließt, hören die Spuckgeräusche und das Gerede auf. Dafür fällt mir auf, wie sehr ich nach Rauch stinke.

Vor dem Sekretariat ist eine große Tafel mit vielen Zetteln aufgestellt, die ich aus der Nähe betrachte. Es sind Namenslisten, die zeigen, welchem Zimmer die Teilnehmer zugeteilt sind. Manche sind gelb markiert, ich weiß nicht warum. Ich brauche eine Weile, bis ich die Namen durch bin; meinen habe ich nicht gefunden. Vielleicht habe ich ihn übersehen, bei den vielen Namen.

Beim zweiten Durchgang werde ich fündig. *Gott sei Dank!*

Ich gehöre in den dritten Stock der Stiege Fünf. Ich halte wieder die Luft an und gehe hinaus Richtung Stiege fünf.

»Host a Tschick für mi?«, fragt mich einer beim Vorbeigehen.

»Nein, sorry. Bin Nichtraucher.«, antworte ich.

Er wird mir nicht glauben, da ich nach Zigaretten stinke.

An der Stiege Fünf angekommen, entdecke ich zwei Eingänge, die voneinander getrennt sind. *Hoffentlich verlaufe ich mich nicht wieder!*

Ich entscheide mich für den linken. Als ich mit der Hand die Türschnalle ziehe, höre ich von hinten, dass ich nach nebenan müsse. *Diese tiefe Stimme kenne ich.*

Es ist der Trainer, der wieder dasselbe komplett schwarze Outfit anhat. Wie am ersten Tag hält er in der einen Hand den Kaffeebecher und in der anderen eine angezündete Zigarette, die er nach zwei Zügen wegwirft. Einige Kursteilnehmer haben sich ihm angeschlossen. Sie schauen wie kleine scheue Entenküken aus, die in einer Reihe ihrer Entenmutter hinterher watscheln. *Quak! Quak!*

Ich schließe mich den Küken an und wir suchen gemeinsam nach dem Zimmer, das wie beim ersten Institut schwer zu finden ist. *Sieht das lustig aus. Quak!*

Aber zumindest haben die Gänge Fenster, durch die Licht eindringt. Nachdem wir in vier falschen Zimmern waren, werden wir fündig. Im Raum befindet sich jedoch bereits eine Gruppe. »Morgen, Herr Trainer!«, sagt unser Trainer zu seinem Kollegen.

Sie tauschen Witze aus und lachen sich dämlich, während ich versuche dem Speichel ihres Gelächters auszuweichen, was mir kaum gelingt.

Die Teilnehmer verstehen ihre Witze offensichtlich nicht – ich aber auch nicht. Wir gehen in einen anderen, leeren Raum, wo sofort die Fenster aufgemacht werden müssen, weil es stickig ist und nach Schweiß stinkt. Die Tische sind wie gewohnt in einem Rechteck positioniert, das fast ein Quadrat bildet. Heute sind wir nur zu sechst.

Der Trainer wirkt, wie am ersten Tag, sehr gemütlich. Mit langsamen Schritten nimmt er Platz und nimmt noch ein Schlückchen aus seinem Becher, den er wieder auf den Tisch stellt. Die Teilnehmer sind noch immer zurückhaltend und nicht gesprächig.

Der Trainer packt ein paar Zettel aus und informiert uns, dass er sie für uns kopieren geht. Den Einwegbecher nimmt er wieder mit. Es herrscht totale Stille. Wir starren wie geistig Behinderte permanent auf den Tisch, bis wir nach einer Weile langsame Fußschritte auf dem Gang hören. Es hört sich nach Stöckelschuhen an. Ich werde neugierig. Die Tür geht auf – es ist der Trainer, wieder mit vollem Becher in der Hand. In der anderen Hand hält er die Zettel, die er gemütlich austeilt.

Es geht um Bewerbungsschreiben, was mich irgendwie an meinen ersten Bewerbungskurs vom AMS erinnert, für den ich am Kursende mit fünfunddreißig Euro belohnt wurde, die ich dann innerhalb von fünfunddreißig Sekunden im Casino verpulvert habe.

»Sind Sie noch da?!« – ich werde von der Stimme des Trainers aufgeweckt.

»Ja, ja«, bestätige ich und lese weiter.

Zwischendurch wird geplaudert. Einige Teilnehmer

scheinen mit gewissen Punkten nicht einverstanden zu sein, worauf der Trainer versucht seine Argumente visuell zu vermitteln und ein Flipchart zur Hilfe nimmt. Die Regeln der Groß-Kleinschreibung scheinen ihm nicht bekannt zu sein. Soeben hat er den Begriff »Ressourcen« falsch geschrieben und zwar mit einem »s« und zwei »r« – und alles klein. Es ist halb so schlimm, denn in den Sprachkursen soll es Trainer geben, die ihren Teilnehmern die deutsche Sprache fehlerhaft beibringen. Meine Mutter, die »Integrationsverweigerin«, war einmal in so einem Deutschkurs, den man ihr zunächst nicht genehmigt hatte, weil fürs Reinigen der Toiletten keine Sprachkenntnisse benötigen würde. Nicht selten wird mir berichtet, dass es sogar Kurse geben soll, wo die Teilnehmer den Trainern den Stoff beibringen.

Während unser Trainer seine Erklärungen über das Bewerbungsschreiben fortsetzt, klopft es an der Tür. Eine brünette Dame und ein Herr treten mit Schlapfen ins Zimmer. Sie scheinen vom Institut zu sein. Tatsächlich, die Dame ist Sozialberaterin und bei dem Herrn handelt es sich um den Betriebskontakter, der Kontakte zwischen Arbeitgebern und Arbeitsuchenden vermittelt. Irgendwie hat er Schwierigkeiten, auf beiden Füßen zu stehen. Seine Augen sind halb zu und haben Säcke. Vielleicht hat er nur schlecht geschlafen.

Nachdem sie sich vorgestellt haben, bitten sie uns, bei ihnen vorbeizuschauen. Der Betriebskontakter braucht von allen Teilnehmern den aktuellsten Lebenslauf. *Ich hasse Lebensläufe und Bewerbungen!*

Wir sollen einzeln zu ihm hinaufkommen. Sie seien beide in der Stiege Sieben, im dritten Stock. Gleich die Tür links, wenn man vom Auszug hinaus kommt. *Ich werde mich bestimmt wieder verlaufen.*

Die Sozialberaterin steht auch zur Verfügung, heißt es. Sie betont, sie sei nicht mit einer Psychologin zu verwechseln. Es gehe nur darum, allgemeine Probleme mit ihr zu besprechen, wobei sie uns helfen möchte. Ich sehe ihr Angebot als eine gute Gelegenheit, um den langweiligen Kurs für ein paar Stunden zu verlassen. Außerdem könnte ich ihr meine Probleme mit der Nachbarin schildern. Wir machen uns gleich einen Termin aus. Ihr Raum befindet sich gleich neben dem Betriebskontakter, erklärt sie mir freundlich. Gleich im Anschluss an meinen Termin beim Betriebskontakter darf ich zu ihr schauen. Von den anderen Teilnehmern kommt keine Reaktion auf das Angebot.

In der Mittagspause haben wir die Gelegenheit, uns untereinander persönlich näher kennenzulernen. Danijel scheint eher auf meiner Wellenlänge zu sein. Ich gehe mit ihm zum Supermarkt, während der Rest sich verabschiedet. Die kurzhaarige Teilnehmerin, die die Tante eines anderen Teilnehmers ist, muss zu ihren Kindern – sie nervt richtig. Die schwangere Bordell-Putzfrau muss zum Arzt, wegen einer Routinekontrolle. Sie und Danijel haben schon ausgemacht, dass Danijel der Taufpate wird. Und Harry, der mit den Schlümpfen, hat ein Vorstellungsgespräch als Straßenkehrer bei der MA48. Eine andere Teilnehmerin hat ein Vorstellungsgespräch mit Schnuppern bei einer großen Bäckereikette. Später wird sie uns berichten, dass sie den Job abgelehnt hat, weil das Monatsgehalt geringer ist als das Geld vom AMS. Ich bin überzeugt, dass die Arbeitslosenquote viel niedriger wäre, wenn Firmen besser zahlen würden.

Unterwegs zum Supermarkt müssen Danijel und ich wegen den Bauchkrämpfen durch das viele Lachen des Öfteren auf der kurzen Strecke anhalten. Ich bin mir nicht sicher, ob das viele Lachen durch unseren Humor ausgelöst wird oder ob wir beide einen Nervenzusammenbruch haben. Jedenfalls ist es schön, wieder lachen zu können. Ziemlich beste Freunde sind wir in kürzester Zeit geworden. Wenn ich einmal im Rollstuhl lande, wünsche ich mir einen wie ihn, der sich um mich kümmert.

Nach dem Einkauf und Essen unserer Jausen begeben wir uns wieder lachend ins Institut. Diesmal sind wir im Computerraum, wo wir unsere Lebensläufe aktualisieren sollen. Nachdem ich mit »Hilfe« des Trainers meinen Lebenslauf auf den aktuellsten Stand gebracht habe, gehe ich zum Betriebskontakter – wie vereinbart. An die Rauchwolken habe ich mich mittlerweile gewöhnt und komme problemlos in sein Zimmer.

Nachdem ich Platz genommen habe, gehen wir gemeinsam meinen Lebenslauf durch. Nach wie vor sieht der Mann sehr müde aus und riecht sehr unangenehm, vor allem wenn er in meine Richtung spricht. *Igitt!*

Er nimmt noch einen Schluck von seinem komischen Saft und stellt mir Fragen: »In welchem Bereich wollen Sie arbeiten?«, will er wissen.

Ich schildere ihm, dass ich im sozialen Bereich tätig sein möchte. Er vergewissert mir, dass er sich so bald wie möglich bei mir melden wird und beruhigt mich mit den Worten: »Des mach ma scho.« – Ich werde nie wieder etwas von ihm hören.

Beim Verabschieden brauche ich drei Versuche, um seine Hand zum Händeschütteln zu erwischen. *Komisch.*

Danach begebe ich mich nach nebenan, wo sich die Sozialberaterin befindet, die mich sofort mit einem Lächeln willkommen heißt. Sie macht auf mich einen sehr sympathischen Eindruck. *Vielleicht sollte ich ihr das sagen:* »Sie machen auf mich einen sehr sympathischen Eindruck.«

»Dankeschön, das ist sehr lieb«, antwortet sie mit demselben Lächeln.

Wir nehmen Platz und blicken uns lächelnd an, ohne ein Ton von uns zu geben. »So, erzählen Sie mal.« – Sie macht den ersten Schritt. Ich erzähle ihr meine Probleme mit der Nachbarin. *Ich hasse sie!* Mit großer Aufmerksamkeit hört sie mir zu und stellt mir Zwischenfragen. »Haben Sie Geschwister?«, will sie wissen.

»Ja, eine ältere Schwester«, antworte ich. *Was hat das mit meiner Nachbarin zu tun?*

Nach kurzem Wortwechsel hat sie die Atmosphäre so sehr emotionalisiert, dass wir uns am Ende nur noch umarmend ausgeweint haben. Ich weiß nicht, wie das passieren konnte. Aber es hat gut getan.

In den nächsten Tagen ist der Kurs nur noch Routine. Wir verbringen vier Wochen lang maximal zu dritt im Kurs. Es wird getratscht, gelehrt und Arbeit »gesucht«. Denkspiele gehören ebenfalls dazu, die ich mit wenigen Überlegungen löse, während die anderen Kandidaten gleich aufgeben. »Des is ja ne Verarsche, Oida!«, ruft die rothaarige Kursteilnehmerin, die sich damit überfordert fühlt.

Der Trainer muss sie mit viel Mühe beruhigen. Trotzdem gefällt mir der Blick der Rothaarigen nicht. Ich kann mir gut vorstellen, dass sie mich in ihren Tagträumen mit Benzin übergießt und mich bei lebendigem Leibe anzündet

– das traue ich ihr sogar zu.

Wie auch immer. Unsere neuen Ausbildungen haben nach der Woche mit dem Bewerbungstraining angefangen. Danijel und ich sind weiterhin in derselben Gruppe und machen beim Training für Körpersprache mit. Wir sitzen nur noch zu zweit im Kurs und reden die meiste Zeit mit dem Trainer. Der Rest ist krank gemeldet. »Die werden sicher nächste Woche wieder kommen«, teilt Danijel unserer neuen Trainerin optimistisch mit.

Wenn ich einmal fehlen sollte, soll ich Danijel vorher Bescheid geben, bittet er mich. »Wenn Melih nicht kommt, komme ich auch nicht«, sagt er provokant zur Trainerin.

Als ich ihn einmal im Stich ließ, war er so beleidigt, dass er die ganze Woche fehlte.

Fast jeden zweiten Tag werden wir von neuen Trainern besucht. Zwischendurch statte ich der Sozialberaterin einen Besuch ab und heule mich bei ihr wie ein kleines Mädchen aus. *Es tut gut.*

Nach der vierten Woche ist noch immer keine Spur von den anderen Teilnehmern zu sehen. »Die kommen sicher nächste Woche wieder«, teilen Danijel und ich, laut lachend, dem neuen Trainer mit. Wir benehmen uns wie kleine Psychopathen, aber die Trainer scheinen daran gewöhnt zu sein.

Die Kurse haben uns einfach verändert. Das merke ich vor allem bei meinem Wortschatz und bei meiner Redensart. »Ej Bruda, kommst du Kurs heute? Ajd, meld dich«, schreibe ich dem Danijel.

»Scheiße Bruda, ich hab wieder verschlafen«, schreibt er mir zurück.

Zum Glück wohnt er in der Nähe. Alleine ist es im Kurs wirklich unerträglich. Bis Danijel kommt, unterhalte ich mich mit der neuen Trainerin. Aufgrund meines sogenannten Migrationshintergrundes wird das Thema Integration angeschnitten. Mir werden wieder die Standard-Fragen gestellt. »Sie sehen aber eh nicht türkisch aus. Außerdem sprechen Sie sehr gut Deutsch«, teilt sie mir mit.

Ich danke ihr und antworte, dass ich das nicht zum ersten Mal höre. Gut, dass Danijel noch nicht da ist. Er kann sich das Thema gar nicht mehr anhören, weil wir das bis jetzt mit jedem Trainer und jeder Trainerin besprochen haben. »Dank« seiner serbisch-russischen Wurzeln muss er sich öfters für Minderheits-Konflikte rechtfertigen. »Ich scheiß auf diese Integration!«, ist ihm einmal aus dem Mund gerutscht, weil er sich so sehr bedrängt fühlte.

Er ist generell auf solche Themen nicht gut anzusprechen – so wie ich. Als er wegen einer Stelle einmal bei einer Firma angerufen hatte, hat man einfach aufgelegt, als er seinen Familiennamen nannte. Er ist nicht der Einzige, der das Wort Integration nicht mehr hören kann. Aber nicht nur Zuwanderern oder deren Kindern geht es so, bei den Einheimischen, die der Integrationspolitik Inländerfeindlichkeit vorwerfen, ist es nicht anders. *Scheiß Integration!*

Danijel ist mittlerweile angekommen und scheint ausgeschlafen zu sein. Das erkenne ich an seinem Lächeln. Beim Hinsetzen zwinkert er mir noch zu.

»Herst Danijel, hast du in Euromillionen gewonnen?«, frage ich ihn neugierig.

Wir hatten nämlich ausgemacht, dass, sollte einer von uns bei Euromillionen gewinnen, er den anderen unterstützt. Wir haben sogar Pläne geschmiedet, das Institut, wenn nicht sogar das AMS, aufzukaufen und alle Berater durch Automaten zu ersetzen. Hoffentlich wird mal was daraus.

»Na, Bruda. Sonst wäre ich ja nicht hier«, antwortet er grinsend.

Ich muss überprüfen, ob er die Wahrheit sagt. Sonst verprügele ich ihn heute noch.

Den restlichen Kurstag verbringen wir wie gewohnt im EDV-Raum und im Zimmer mit Unterhaltungen und Spielen. Nach etwa zwei weiteren Wochen absolvieren wir den Test – beide positiv. Danijel hat sogar mehr Punkte als ich. Ich sagte ja, der Kurs hat mich verändert. Die Schwächeren wurden stärker und die Stärkeren schwächer. Dafür sind jetzt alle gleich stark traumatisiert – eine tolle Maßnahme.

Von den anderen Teilnehmern ist noch immer keine Spur zu sehen. Uns ist es ein Rätsel, wie sie es schaffen, fünf Wochen durchgehend zu fehlen. *Respekt!*

Für den zweiten Teil des Kurses werden wir getrennt. Danijel wird den Staplerschein machen, wofür er bis zum Arsch der Welt fahren muss, berichtet er mir in der Pause. Er verspricht mir aber, dass wir mit dem Stapler die Straßen unsicher machen werden, sobald er den Schein gemacht hat.

Ich hingegen habe mich für eine Wirtschaftsausbildung entschieden. Obwohl ich eigentlich viel lieber die Ausbildung zum Pokemon-Trainer gemacht hätte.

Ach, Danijel wird mir sehr fehlen. »Tschau Bruda! Machs gut!« – Wir verabschieden uns, wie echte Männer. Innerlich versuche ich mir einzureden, dass Männer nicht weinen, um die Tränen zurückhalten zu können.

Nachdem wir uns die Rücken kehren, wische ich mit

meiner Hand übers Gesicht und begebe mich zu der Straßenbahnstation. »Tschau, mein Freund!«, rufe ich ihm noch ein letztes Mal hinterher.

Er dreht sich kurz um und hebt die Hand. Später werde ich erfahren, dass Danijel wieder zu seiner alten Tätigkeit als Bauarbeiter zurückkehren wird, weil seine Psyche dem Kurs nicht mehr standhält.

Kapitel 6
Mein Auftritt in der
türkischen Community

In der letzten Kurswoche werde ich von einem türkisch-stämmigen Unternehmer namens Ibrahim Beyazit angerufen. Ich hatte ihn bei einer Migrationsmesse kennengelernt, wo wir unsere Gedanken über das Thema Integration ausgetauscht hatten. Er will wissen, ob ich Interesse hätte, in seinem Team mitzumachen. Es handle sich um eine interne Wahl in einem Wirtschaftsverband, für die er als Obmann kandieren möchte. Ich sage, dass ich grundsätzlich interessiert bin, weil ich mich schon immer ehrenamtlich im sozialen Bereich engagieren wollte. Nur alle Vereine und Organisationen, mit denen ich in Verbindung getreten bin, haben mir den Zugang bis heute nicht ermöglicht, obwohl aktiv um Personen mit sogenanntem Migrationshintergrund geworben wurde. *Komisch.*

Einige Tage später treffen wir uns in einem türkischen Restaurant, wo ich die Details über das Vorhaben erfahre und das Team kennenlerne. Der Hunger und der Geruch der türkischen Küche machen es schwer, sich auf das Gespräch zu konzentrieren. Offensichtlich nicht nur mir. Wir bestellen alle eine türkische Linsensuppe, auf Initiative der Vorstandsmitglieder, und setzen unsere Unterhaltung mit begleitenden Schlürfgeräuschen fort. Mit der Verteilung der Rollen ist anscheinend jeder einverstanden. Das Team ist bunt und bis auf wenige Ausnahmen sind alle selbstständig – von alt bis jung, aus verschiedensten Bereichen: Gastronomie, Transport, Lebensmittel, Metalltechnik, Kunst und sonstige Dienstleistungen, was einem so einfällt. Der Jüngste ist vierundzwanzig und Geschäftsführer einer türkischen Bäckerei-Kette. Lachend erzählt er uns über seine täglichen Probleme. Die Polizei stelle seinen Transportfahrern fast täglich wegen Anhaltens im Halteverbot Strafzettel aus. »Aber zu den österreichischen Bäckerei-Autos sagen sie nix!«, argumentiert er.

Dann würden die Bäckereien oft von Kontrolleuren besucht, beklagt er sich. Außerdem beschwerten sich die Mieter des gegenüberliegenden Hauses über das Bäckerei-Schild, das nachts leuchtet. »Abi, wie kann das sein? Der Typ wohnt im zehnten Stock. Wie kann er sich gestört fühlen?!«, fragt er uns mit rotem Hals.

Österreichische Bäckereien haben keine derartigen Probleme, unterstreicht er.

Solche Beispiele werden wir dann im Laufe unserer Wahlkampagne oft erleben, wie Zuwanderern bewusst Schwierigkeiten bereitet werden.

Ich fühle mich von der spannenden Materie sehr angezogen und akzeptiere das Angebot, als Begleiter und persönlicher Wahlkampf-Manager von Ibrahim zu fungieren. Das ist das erste Mal, dass ich mich so tief in die türkische Community begebe, was mich sehr neugierig macht. Gemeinsam wird ein Zehn-Punkte-Programm ausgearbeitet, das die türkischen Unternehmer ansprechen soll. Bei der Aufstellung des Zehn-Punkte-Programms werden wir von einem Österreicher unterstützt, den wir als »Türkenvater« bezeichnen. Der Inhalt ist so solide, dass man sogar landesweite Kampagnen damit führen könnte.

Es wird von Tag zu Tag spannender. Täglich sind Ibrahim und ich von früh bis Mitternacht unterwegs. Die Besuche bei den Unternehmern geben uns einen Überblick über die wirtschaftliche Situation von türkischstämmigen Unternehmern. Bei jedem Besuch gibt es türkischen Tee. Pro Besuch kommen wir pro Person locker auf zehn bis fünfzehn Çays (türkischer Tee). Wir müssen oft aufs Klo und wechseln die Klogänge mit einem High-Five ab.

Ibrahim ist einer, der gerne redet. Eine gute Eigenschaft für einen künftigen Politiker. Manchmal bitte ich ihn wortwörtlich die Klappe zu halten. Dann lacht er meistens und redet weiter. Bei den Unterhaltungen mit den Selbstständigen werden unterschiedliche Beweggründe geschildert, die sie zum Gründen eines eigenen Geschäfts motiviert haben. »Abi, die haben mich die ganze Zeit gemobbt und scheiße bezahlt. Was sollte ich denn sonst tun?«, erzählt ein junger Unternehmer, der einen Print-Shop betreibt.

Ein anderer erzählt, dass ihn die Absagen auf seine Bewerbungsschreiben zur Selbstständigkeit gedrängt hätten. »Selbstständig sein ist einfach das Beste. Du musst dir nichts von deinem Chef gefallen lassen. Keine rassistischen Beschimpfungen und so, weil du Türke bist«, ergänzt einer seiner Angestellten.

Nur wenige teilen uns mit, dass sie von Anfang an geplant hätten, selbstständig zu werden. »Es hat seine Vorteile, aber auch seine Nachteile«, schildert ein anderer Unternehmer.

Vor allem im Gastronomie-Bereich braucht es sehr viel Nerven und Zeit, erzählt mir ein türkischstämmiger Restaurant-Betreiber, der vermutlich mit seinen fünfundzwanzig Jahren der jüngste Lokalbetreiber Wiens ist. »Es ist eigenartig…«, setzt er seine Rede fort und erklärt, dass man als Migrant öfter als Sozialschmarotzer abgestempelt wird, wenn man arbeitssuchend ist. »Wenn man sich dann selbstständig macht, ärgern sich die Leute über die vielen türkischen Geschäfte, die Arbeitsplätze schaffen und dem Staat gute Steuereinnahmen bringen. Hat man eine Arbeit, dann sind wir die Bösen, die die Arbeitsplätze wegnehmen. Sie sollen sich zuerst mal selbst integrieren!«, erklärt er weiter.

Eine junge, erfolgreiche Dame und zugleich Vorstandsmitglied ist in drei unterschiedlichen Branchen tätig: Textil, Import/Export und Transport. Sie ist sehr modern und hübsch angezogen. Bei ihren bisherigen sozialen Aktivitäten in türkischen Vereinen wurde sie als Frau von ihren männlichen Kollegen nicht so sehr wahrgenommen, sagt sie. In den öffentlichen Verkehrsmitteln wird sie aufgrund ihres Kopftuchs von den Mitfahrenden oft angerempelt, erzählt sie uns beängstigt.

Die Lebensmittelbranche wird vorwiegend von älteren Unternehmern dominiert. Die meisten beherrschen kaum die deutsche Sprache, weil sie vor vielen Jahren, als Integration noch kaum Thema war, eingewandert sind. Zum Teil haben sogar wir Verständigungsprobleme, weil die Muttersprache ebenso nicht sitzt. Einen solchen Obst- und Gemüse-Verkäufer besuchen wir auf einem berühmten Markt. Seine Hände sind voller Hornhaut. Es scheint, dass ihn die Arbeit sehr mitgenommen hat. Er kann nur mit den Zahlen auf Deutsch hantieren. Auf die Frage, wieso er kein Deutsch kann, antwortet er auf Türkisch mit der Gegenfrage, wann er jemals Zeit gehabt hätte, die Sprache zu lernen.

Die Zahlen auf Deutsch und das Rechnen hat er sich durch die Arbeit angeeignet, schildert er. Seine türkische Muttersprache zeigt ebenfalls Defizite auf. Man erkennt sofort seine bildungsferne Herkunft. »Hut ab!«, flüstert mir Ibrahim ins Ohr, während der Verkäufer gerade eine ältere Dame bedient. Danach erzählt der Mann weiter über seine Probleme, die ich mir in Stichworten aufschreibe.

Seitdem die Großmärkte ihre Filialen um den Markt herum eröffnet haben, geht das Geschäft nicht mehr wie früher – tatsächlich. Es ist kaum Kundschaft zu sehen. In der halben Stunde ist genau eine Kundin vorbeigekommen. Und sie hat auch nur eine Selleriestange gekauft. Ibrahim geht das alles sehr nahe. Die Besuche machen ihn nachdenklich. »Ich habe als Kind sehr viel Zeit auf diesen Märkten verbracht«, teilt er mir emotional mit. *Lass dich umarmen, Ibrahim!*

Ibrahim ist mit zehn Jahren mit seiner Familie nach Wien eingereist. Er hat arabische Wurzeln und seine Muttersprache ist auch Arabisch. Dennoch beherrscht er Türkisch, sogar sehr gut im Vergleich zu so manchen türkischstämmigen Menschen. Aufgrund seiner deutschen Sprachdefizite hat man ihn als Kind in die Sonderschule geschickt. »Wusstest du, dass noch heute in einigen Bundesländern jeder zweite Migrant in die Sonderschule kommt?«, fragt er mich.

Ich schüttle den Kopf und merke, dass ihm das schwer im Magen liegt. Heute ist er ein erfolgreicher Unternehmer und besitzt eine Schlosserfirma. Obwohl er auffällig dunkel und südländisch aussieht, wird er fast nie mit seinem Migrationshintergrund konfrontiert.

Als Abschiedsgeschenk für die Selbstständigen hinterlassen wir selbstkreierte Energy-Drinks, auf denen das Portrait von Ibrahim abgebildet ist, und auch jede Menge Postkarten. Die Wahlkampagne ist gut entworfen, selbst ein Bundeskanzler kann davon nur träumen.

»Gibt es keine Kondome von euch?!«, will ein älterer Unternehmer wissen; eine Anspielung auf den österreichischen Außen- und Integrationsminister Sebastian Kurz (ÖVP), der bei einer Wahlkampagne Kondome vor Diskotheken verteilte. Wir lachen. Ich glaube sogar, dass die Frage ernst gemeint ist.

»Nein, wir machen hier keine Kampagne für Integration«, antworte ich ihm lächelnd.

Nach Geschäftsschluss beenden wir unsere Tour und ziehen uns zurück. Meistens sitzen wir bei einem Freund Ibrahims, der eine Mediterrane-Küche mit dem Namen »Visconti« betreibt, und essen dort. Das Essen dort ist klasse!

Ich muss Ibrahim mehrmals erinnern, dass er in regelmäßigen Abständen genug Flüssigkeit und Nahrung zu sich nehmen soll. Ich habe ihm sogar Vitamin-Tabletten besorgt, die von A bis Z alle Vitamine abdecken. Vielleicht kann er deshalb nie seine Klappe halten. *Fall gelöst!*

Dadurch scheint er nicht müde zu werden, während bei mir nach dem Essen die Augen automatisch zufallen. »Ich kann nicht einschlafen.«, sagt er. *So sehen deine Augen auch aus, wie Scheinwerfer.*

Er ist sehr energisch und ehrgeizig, aber auch stur – sehr sogar, was die Zusammenarbeit mit ihm hin und wieder erschwert. In den letzten Wochen hat er angeblich an Gewicht verloren, was er als positiv auffasst. Ich habe das optisch nicht mitbekommen, da ich ihn jeden Tag sehe.

Außenstehende berichten uns über unseren Zustand. Die Müdigkeit sieht man uns beiden an, aber seine verlorenen Kilos hat er, wie es scheint, auf mich übertragen. Wir haben uns mit der Zeit zu einer Erde-Mond-Konstellation entwickelt, die unzertrennlich geworden ist. Kaum lasse ich ihn für wenige Stunden alleine, verfällt er schon in Depressionen. »Du bist mein Seelenklempner, Mentor und Psychologe«, teilt er mir und den anderen immer wieder mit.

Er weiß mich sehr zu schätzen. Und verlangt nicht einmal nach Zertifikaten und Zeugnissen! Nach der Nachspeise wird routinemäßig der Tagesablauf ausgewertet. Der Wochenplan ändert sich fast täglich, durch neue Ideen und die von den Unternehmern geschilderten Probleme. Darüber hinaus werden Recherche-Arbeiten getätigt, damit faktenbezogen vorgegangen werden kann. Die Ergebnisse sind meistens überraschend und erstaunlich.

Zum Beispiel haben wir herausgefunden, dass jede dritte Wiener Unternehmer ein Zuwanderer ist. *Wer hätte das gedacht?*

Von dem Drittel stellen die türkischstämmigen Geschäftsleute die Mehrheit dar. Das würde man aber auch auf einem Spaziergang durch die Straßen Wiens erkennen. Neben jedem türkischen Geschäft steht ein anderes türkisches Geschäft. Wenn ein Mehmet ein türkisches Restaurant eröffnet, sieht man wenige Monaten später ein anderes türkisches Restaurant nur wenige Meter daneben oder gegenüber. Wird ein Handy-Geschäft eröffnet, dann verwandelt sich das nächstliegende freie Lokal auch in ein Handy-Geschäft. Es gibt Gassen, die man mittlerweile im Volksmund als Friseurgassen bezeichnet, weil alle fünf Meter ein Friseur-Geschäft zu finden ist. Das ist typisch für die türkischstämmigen Menschen, die nach dem Prinzip »Wenn der das kann, dann kann ich es doch auch« vorgehen, womit sie ihr eigenes Geschäft ruinieren.

Der Neid ist entsprechend spürbar. Durch die Besuche bekommen wir nicht nur einen Überblick über den wirtschaftlichen Zustand und die Probleme der Unternehmer, sondern merken auch, wie die türkische Community tickt. Im Grunde genommen existiert sie gar nicht. »Weil die Türken in unzählige Gruppierungen zersplittert sind, kann der Staat sie nicht integrieren, weil man von der falschen Annahme ausgeht, dass sie alle gleich sind«, erklärt mir eine türkischstämmige Hauptschullehrerin aus Linz, die mit zweiundzwanzig Jahren zu unterrichten begonnen hat.

Im Laufe des Wahlkampfs wird uns Verschiedenes vorgeworfen. Islamische Gruppierungen behaupten, Ibrahim sei Christ, Alevit oder Orthodoxer. Andere werfen ihm Homosexualität vor. *Sie sollten mal die vielen Frauen kennenlernen, die Ibrahim hatte – Hut ab, Ibrahim! Hut ab!*

Er sei außerdem Kettenraucher, sehr aggressiv und ein Fan der Fußballmannschaft Galatasaray Istanbul. Und dann gibt es welche, die Ibrahim als Kurden und sogar als PKK-Anhänger (eine von den USA und der EU als terroristisch eingestufte Organisation) abstempeln. Die türkische Community verwendet all ihre Schubladen für Ibrahim. Das nenne ich Ironie: die türkische Community kommt an erster Stelle, wenn es um Rassismus und Diskriminierung in Österreich und Europa geht. Auf der anderen Seite macht sie es intern auch nicht besser. Über die vielen Vorwürfe amüsieren wir uns nur noch. »Ich kandidiere als Obmann. Wenn sie einen Propheten suchen, dann sollen sie einen strenggläubigen Moslem wählen«, reagiert Ibrahim auf die

Vorwürfe. *Beruhige dich Ibrahim. Beruhige dich bitte!*

Es gehört in der türkischen Community zum Standard-Repertoire, andere Menschen an ihrer Religiosität zu messen, während man selbst oft nur pseudoreligiös ist. Oft ist es Neid, der zu Kritik führt, natürlich ohne Selbstkritik zuzulassen. Dabei könnte Kritik ja auch etwas Gutes bewirken, aber wenn es ums Aufbauen, ums Umsetzen oder um das Machbare geht, bleibt man zumeist allein. Vieles wird hinter dem Rücken des anderen geredet, falsche Wahrheiten werden verbreitet. Dabei handelt es sich um reife Männer mit Frau und Kindern, denen ich solche Verlogenheiten nicht zugetraut hätte.

Die können sich eigentlich gleich vor die Stiegen meiner Wohnung setzen und mit meinen Nachbarinnen tratschen – ich schäme mich für sie.

Bei den Sitzungen innerhalb der Arbeitsgruppe hingegen lässt man sich das nicht anmerken. Man begrüßt sich untereinander ganz familiär mit Küssen auf die Wangen. *Diese verlogenen Leute!*

Von anderen – nicht-türkischen – Migranten erfahren wir aber, dass dieses Phänomen nicht nur die türkische Community betrifft. Rassismus und Verlogenheit sind innerhalb der Communities offensichtlich viel stärker vertreten als dies von außen sichtbar ist. Das macht mich traurig. Aber auch innerhalb des Wirtschaftsverbands wird gelästert. Gerüchten zufolge fließen in bestimmten Kreisen »Trinkgelder«. Das sei aber in allen Bereichen der Politik der Fall, wird uns versichert. *Da könnte etwas Wahres dran sein.*

Die Kampagne, die bis zum Wahltag gedauert hat, hat sich zu unseren Gunsten entschieden. Alle, die im Team mitgearbeitet haben, insbesondere Ibrahim, unser österreichischer »Türkenvater« und ich, sind mit dem Ergebnis sehr zufrieden. *IN YOUR FACE! IN YOUR FACE!*

Die Wählerschaft scheint ebenso glücklich zu sein. Der ehemalige Vorsitzende sei nicht fair gewesen, erzählt uns ein Handyshop-Besitzer. Marktstände sollen nach Freunderlwirtschaft und »Trinkgeldern« vergeben worden sein. Er und die anderen benachteiligten Standbesitzer hätten immer die Stände mit der schlechteren Lage erhalten. Im Anschluss schlägt er uns gleich eine Lösung vor, die den ehemaligen Vorsitzenden nie interessiert hat. Die Stände sollen künftig einfach verlost werden. *Das klingt fair. Ich notiere das am besten.*

Der Geschäftsführer des Wirtschaftsverbandes wird nach kürzester Zeit entlassen, obwohl er für eine landesweite Position vorgesehen war. Wir hatten ihn darauf aufmerksam gemacht, er solle die Wählerschaft und unser Team nicht unterschätzen. Wir seien selbstbewusst, energisch und motiviert. *Tja, so schnell kann das in der Politik funktionieren.*

Nachdem er auch seine Gemeinde-Wohnung verloren hat, die er durch politische Kontakte erhalten hat, lebt er als Obdachloser auf der Straße. Wir sehen ihn oft vor dem Verband betteln und übernachten. Sein Zustand erregt so sehr unser Mitleid, dass Ibrahim ihm ein Zimmer seiner Wohnung zur Verfügung stellt und ihn als Putzkraft in seiner Firma einstellt. Das wäre uns jedenfalls als angemessen erschienen. Aber was tatsächlich mit ihm passiert ist, nachdem er den Wirtschaftsverband verlassen hat, wissen wir bis heute nicht. *Tja.*

Die Arbeit nach den Wahlen hat nicht nachgelassen. Im

Gegenteil, wir haben mehr zu tun als je zuvor und erhalten laufend Anfragen und Beschwerden. Eine Unternehmerin von außerhalb Wien erzählt uns, dass sie ein Lokal in einer kleinen Ortschaft in Niederösterreich in Betrieb genommen hat. Seitdem wird sie von den Anrainern, einem Polizeibeamten und vom Bürgermeister regelmäßig terrorisiert und eingeschüchtert. Sie zeigt uns die Fotos der Sachschäden, die bei ihr angerichtet wurden. »Das geht schon seit vier Jahren so. Ich halte das psychisch nicht mehr aus«, appelliert sie an uns, ihr zu helfen.

Wir werden auch häufig von verzweifelten Einzelunternehmern besucht, die vom Magistrat die nötigen Genehmigungen aufgrund irgendwelcher Paragraphen nicht erhalten. Nach dem Zwischenschalten von Anwälten lösen sich diese Probleme von einem Tag auf den anderen, wie durch ein Wunder. *Magie!*

Wir haben den Verdacht, dass Zuwanderern tatsächlich bewusst Steine in den Weg gelegt werden. Ibrahim und ich haben aus solchen Erfahrungen viel gelernt – vor allem das Hinterfragen von Tatsachen wie zum Beispiel, warum es in der österreichischen Politik nur eine Nationalabgeordnete mit sogenanntem Migrationshintergrund gibt[1]. Oder warum Institute, Organisationen, Behörden etc. sich zwar für Integration, für Gleichberechtigung und gegen Intoleranz engagieren, aber keine Zuwanderer in ihren Teams haben oder haben wollen. Es ist ihnen anscheinend am liebsten, wenn die Migranten im Hintergrund bleiben. Eben im: Migrationshintergrund.

---

[1] Stand 2013 – heute sind es 4 von 183. Obwohl 20 Prozent der Bevölkerung einen Migrationshintergrund hat; in Wien jeder Zweite.

Kapitel 7
Meine Erfahrungen
als Botschafter

Nach meiner erfolgreichen Tätigkeit als Wahlkampf-manager ist meine Popularität naturgemäß gestiegen. Dank Ibrahim, den jetzt alle Başkanım (mein Präsident) nennen, werde ich in ein ehrenamtliches Projekt aufgenommen, wo ich als Integrationsbotschafter Schulklassen besuchen darf, um Schüler zu motivieren. *Yuhu!*

In meiner Schulzeit hat sich niemand um unsere Motivation gekümmert, wir mussten uns vielmehr ständig seitens mancher Lehrer und Professoren anhören, wie dumm wir seien. Von »Integration« war damals auch nie die Rede – zumindest nicht im heutigen Ausmaß.

Nach einer längeren Wartezeit habe ich schon die ersten Anfragen für Schulbesuche bekommen, worauf ich mich sehr freue. Auf dem Weg in die Schule mache ich einen kurzen Zwischenstopp bei einer türkischen Bäckerei, um zu frühstücken. Ich bestelle mir zwei Krapfen und nehme an der Fensterseite Platz, wo ein Stehtisch mit Hockern angebracht ist. Kurz danach stellt sich eine ältere Dame vor mich hin, mit einem Apfelstrudel und einer Melange. Voller Genuss schneidet sie mit der Gabelkante Stück für Stück die knusprige Mehlspeise, um sie dann mit zitternden Handbewegungen in den Mund zu führen. Zwischendurch, während sie noch am Kauen ist, schlürft sie an ihrer Melange und lehnt sich für einen kurzen Moment mit geschlossenen Augen zurück. Man erkennt, dass sie sich in Ekstase befindet, bis sie auf zwei Frauen auf der gegenüberliegenden Straße aufmerksam wird.

Unauffällig beobachtet sie die Frauen durch das Schaufenster der Bäckerei. »A Wahnsinn mit di Tirk'n. Rennan no imma mit di Kopfticherl rum«, sagt sie aufgeregt.

Abgesehen davon, dass sie den knusprigen Apfelstrudel und die Melange, die sie gerade zu sich nimmt, den »Tirkn« zu verdanken hat und sich in einer türkischen Bäckerei befindet, merkt sie nicht, dass es sich bei den Frauen nicht um Türkinnen handelt.

Wie auch immer. Ich habe die Energie nicht, mich mit ihr anzulegen. In der Schule angekommen, erwartet mich schon die Begleiterin des Projekts. Es ist mein erster Schulbesuch; dementsprechend bin ich etwas aufgeregt und natürlich auch müde. In den Gratis-»Zeitungen« und in den Medien sowie in den politischen Debatten wird immer von Ghettoisierung in den Klassenzimmern gesprochen. *Mal sehen.*

Im Erdgeschoss werden wir von einer Lehrerin abgeholt und zur Klasse begleitet. Zuvor schildert sie ihre Erwartungen. In der Klasse dominieren türkischstämmige Schüler, die sich untereinander zu oft auf Türkisch unterhalten. Das sei gegenüber anderen Schülern und Lehrern nicht respektvoll, bittet sie mich um Unterstützung. *Verständlich.*

Ein anderer Schüler sei sehr talentiert, aber er halte sich nicht an die Regeln, erzählt sie. Ich zeige Verständnis und behalte ihre Anliegen im Hinterkopf. Die Schüler haben sich schon auf den Besuch vorbereitet. Einen Tag vorher wurde ich sogar via Facebook von einigen Schülerinnen angesprochen und auf das Buffet aufmerksam gemacht. Ich solle mit leerem Magen kommen, haben sie mich gebeten. Den Zwischenstopp bei der Bäckerei habe ich trotzdem nicht vermeiden können – das sage ich denen aber lieber nicht.

Im Klassenraum treffe ich auf die Schüler, die in einem Kreis sitzen, auf einen Projektor und auf Pinnwände mit meinen Fotos und meiner Kurzbiografie. Ich bin etwas gerührt, weil sie sich diesen Aufwand gemacht haben. Von einer Ghettoisierung gibt es keine Spur. Wer von den Schüler einen Migrationshintergrund hat und wer nicht, erkenne ich nicht. Später, nachdem ich die Frage gestellt habe, wer von ihnen ausländische Wurzeln hat, werde ich von den vielen aufgezeigten Händen überrascht sein.

Ich stelle mich kurz vor. Im Anschluss ergreift ein Schüler das Wort und hält eine Präsentation über Zuwanderung in Österreich. Auf den Folien sind Statistiken aufgelistet, die interessante Daten liefern. Eine der Folien zeigt, dass über siebzig Prozent der Straftaten von Österreichern verübt werden. An letzter Stelle kommen die Türken. Das Beispiel haben sie sicher bewusst genommen. *Klug!*

Man merkt schon am Anfang, dass sie sich von der politischen Integrationsdebatte betroffen fühlen – was auch verständlich ist.

Nach der Präsentation kommt eine Schülerin, die meine Biografie vorträgt. Es wird laut applaudiert. Ich fühle mich sehr geschmeichelt. Nachdem alle wieder Platz genommen haben, sprechen wir die Themen an. Ich möchte zuerst wissen, wer nicht Deutsch als Muttersprache hat, weil ich den krankhaften Begriff Migrationshintergrund vermeiden möchte. Wir fangen an zu zählen. Dann bitte ich diejenigen, die Deutsch als Muttersprache haben, aufzuzeigen. Von den sechsundzwanzig Schülern zeigen nur vier auf.

Bevor ich mit den heiklen Themen starte, stelle ich allgemeine Fragen über die Schule. Beispielsweise wer von Ihnen wirklich maturieren und danach studieren möchte. Ich rate der Klasse, unbedingt die Matura zu machen und erzähle ihnen, dass sie diese ansonsten später vielleicht in der Abendschule nachholen müssen, und unterstreiche: »Ohne Matura geht es heutzutage fast nicht mehr.«

Daraufhin ändern die Schüler ihre Körperhaltung und sehen mich mit großen Augen an. *Gut so!*

Ich begebe mich auf ihre Augenhöhe und zeige Mitgefühl, indem ich ihnen erkläre, dass die Schulzeit auf keinen Fall leicht ist und mit Sicherheit kein Honigschlecken: »Ich selbst habe in der Dritten viele Fünfer gehabt. Aber das war kein Grund aufzuhören. In der Vierten habe ich die Klasse wiederholen müssen. Letztendlich habe ich sechs Jahre in der Schule verbracht.«

Ihrer Körperhaltung und den nickenden Köpfen zufolge ist mein Appell angekommen.

Als nächstes möchte ich wissen, wie der Zusammenhalt in der Klasse ist. Als Antwort erhalte ich rasch ein »Ja, eh gut.«

Ich bin ein wenig skeptisch und bohre nach, indem ich frage, in welcher Sprache sie sich in den Pausen oder während der Stunde unterhalten. Da schreit sofort einer heraus: »Na Tirkisch!« Die Klasse lacht.

Ich bitte die türkischstämmigen Schüler um eine Stellungnahme. »Was ist daran so schlimm?«, erhalte ich als Antwort.

Bevor ich reagieren kann, mischt sich die Deutschprofessorin ein. Ihre Argumente machen die Klasse unruhig. *Mich auch.*

Teils bin ich ganz ihrer Meinung, aber zum anderen Teil muss ich ihre Ansichten als »von gestern« klassifizieren. Die Atmosphäre ist nun ein wenig gespannt. In einer Diskussion unter den Schülern schreit eine Schülerin ihren Kollegen an: »Aber türkisches Essen magst du, gö?!«

Ich berichte ihnen von einer Erfahrung, die ich gemacht habe. Es scheint, dass meine Erzählung einigermaßen Akzeptanz findet. Ich mache sie noch darauf aufmerksam, dass sie die Matura mit einem guten Klassenzusammenhalt viel leichter schaffen können. Als nächstes wird das Thema Identität und Heimat behandelt. Ich gebe ihnen einen Denkanstoß. Es dauert nicht lange, bis die ersten emotional fragen, wo sie denn jetzt hingehören. »Hier sind wir Ausländer und unten in der Heimat unserer Eltern werden wir auch als Ausländer bezeichnet«, beklagt sich eine Schülerin.

Das erinnert mich irgendwie an die Situation eines türkischstämmigen Kollegen, der aus Deutschland nach Wien zum Studieren kam. Er beklagte sich, dass er in Deutschland als Türke, in Österreich als Piefke und in der Türkei als »Almancı« (Deutscher) abgestempelt wird.

Es fällt mir schwer, auf solche Fragen zu antworten. Ich versuche die Klasse zu motivieren, indem ich die Unterschiede in den Lebensqualitäten zwischen verschiedenen europäischen Ländern aufzeige. »Alles braucht seine Zeit. Früher haben sie das mit den Tschechen gemacht«, erkläre ich. Ironischer Weise werden wir heutzutage von solchen Altzuwanderern beschimpft.

Die Botschaften kommen an. Nach zwei Stunden Diskussion läutet die Glocke. Die Klasse hat Unterrichtsschluss. Etwa fünfzehn Minuten verbringen wir noch beim Buffet, das innerhalb von fünf Minuten von den Schülern verputzt wird. *Gut, dass ich davor in der Bäckerei war.*

Es wird noch ein gemeinsames Foto geschossen. Beim Verabschieden kommt ein türkischstämmiger Schüler auf mich zu und will wissen, wo ich so fortgehe. »Unterschiedlich«, antworte ich und mache ihm ein Angebot: »Wir können aber gern einmal gemeinsam fortgehen«

»Naja, die Frage ist, ob ich rein komm«, antwortet er prompt mit einem Grinsen.

»Jo dann sog, dass du Spanier bist. Dann kummst sicha rein!«, mischt sich eine Schülerin ein. Sie hat einen sogenannten Migrationshintergrund, spricht aber Wiener Dialekt.

Bevor ich den Klassenraum verlasse, führe ich noch ein kurzes Gespräch mit der Lehrerin. Ich erzähle ihr, dass meine Schwester in der Türkei lebt. Irgendwie muss sie etwas missverstanden haben, denn sie versucht mir permanent einzureden, dass meine Schwester eine unterdrückte Frau ist, was ich mehrmals verneine. *Was für ein Problem hat diese Frau?*

Ich nehme mir das nicht so sehr zu Herzen, verabschiede mich von der Klassenlehrerin und verlasse das Schulgebäude.

Mein nächster Schulbesuch findet wenige Wochen darauf statt. Ich habe die Ehre, meine alte Schule zu besuchen, die Schule, in der ich maturiert und sechs Jahre meines Lebens verbracht habe. Eine Professorin der Schule, der ich die Einladung verdanke, hat mich gleich für vier Klassenbesuche an zwei aufeinanderfolgenden Tagen bestellt, was ich sehr begrüße. Schon während der Fahrt mit der U-Bahn Richtung Schule bin ich sehr aufgeregt. Ich habe Magenschmerzen und mein Herz beginnt zu rasen. *Wie sehr hat sich die Schule wohl verändert?* Von Außenstehenden wird die Schule gelegentlich als problematisch eingestuft. Wobei sie indirekt den hohen Anteil an Schülern mit Migrationshintergrund meinen. Wie auch immer. Ich stehe schon vor den Stufen, die zum Eingang meiner alten Schule führen, und beobachte die Umgebung. Von außen sehe ich keine großen Veränderungen, außer dass keine Raucher mehr bei den Stufen stehen. Ich hole noch einmal tief Luft und gehe die Stufen hoch.

Vor der Direktion muss ich kurz warten, bis man mich abholen kommt. Neben der Tür zum Sekretariat sind Bilder aufgehängt, wo nur Schülerinnen zu sehen sind. Ich werde aufmerksam und beobachte die Fotos genauer. *Nicht schlecht!*

Als ich mit der HTL anfing, gab es vielleicht zwei Mädchen in der gesamten Schule.

»Herr Gördesli?!«, werde ich von der Professorin angesprochen, – zum ersten Mal hat man meinen Namen richtig ausgesprochen – mit der ich mich nach einem kurzen Gespräch in die Klasse begebe. Im Stiegenhaus fallen mir viele benutzte Taschentücher und Kaffeeflecken auf den Stufen und an den Wänden auf. Das war zu meiner Zeit auch nicht anders.

Beim Eintreten in die Klasse wird es noch vehementer: Rechts neben dem Eingang, wo sich normalerweise mehrere Mistkübel wegen der Mülltrennung befinden sollten, ist eine Obstkiste platziert, in der sich alles Mögliche befindet. Die komplette Wand ist, wie die Stufen, ebenfalls mit Kaffeeflecken, Fußabdrücken und sonstigen Verunreinigungen übersät. *Wie sind aber die Fußabdrücke an die Decke gekommen?* Ein Blick nach links zeigt mir den Zustand der Kästen. Viele davon haben Dellen, die hinein gedrückt oder geschlagen wurden. Manche haben kein Schloss mehr. Bei einem anderen Kästchen wölben sich die Dellen nach außen. *What the fuck?! Ob sie einen Mitschüler in das kleine Kästchen eingesperrt haben?* Geradeaus sieht man die Rollos, die herunterhängen. Eine davon scheint defekt zu sein. Das Fenster nebenan ist komplett mit braunen Kartons zugeklebt. Der Boden ist komplett mit Kreide verwüstet. *Was zum Teufel haben sie hier nur aufgeführt?*

Obwohl der Klassenraum so chaotisch ist, macht er auf mich einen authentischen, vertrauten Eindruck. Komisch, ich fühle mich wohl. Zu meiner Zeit sah die Klasse auch nicht viel anders aus. Das zeigt wieder einmal, wie unordentlich Burschen sind, wenn sie in großer Zahl zusammenkommen.

Ich bitte die Jungs einen Sesselkreis zu bilden. Sie wirken etwas desinteressiert. Ich erfahre, dass sie eigentlich jetzt früher Unterrichtsschluss hätten, was ihr Desinteresse erklärt. Wir machen eine kurze Vorstellungsrunde, indem ich einen Freiwilligen bitte zu beginnen. Und zwar so, dass er seinen Nachbarn links oder rechts vorstellt, wie er heißt, welche familiären Wurzeln er hat und eine seiner positiven Eigenschaften nennt. Das lockert die Stimmung auf und die Schüler fühlen sich mehr eingebunden. Den Trick mit der Vorstellungsrunde hat mir ein Begleiter des Projekts beigebracht.

Auch in dieser Klasse kann man kaum anhand des Aussehens erkennen, wer einen sogenannten Migrationshintergrund hat. Von einer Ghettoisierung ist hier ebenfalls nichts zu sehen. »Sein Name ist Murat. Er ist fünfzehn und Türke. Seine positiven Eigenschaften sind: Er ist sehr hilfsbereit und klug«, stellt der Letzte im Kreis seinen Sitznachbar vor.

Ich nutze die Gelegenheit und frage Murat nach seiner Nationalität. »Türke«, sagt er, ohne nachzudenken.

Ich möchte wissen, welche Staatsbürgerschaft er besitzt. »Österreichisch«, antwortet er.

»Wieso sagst du dann, dass du Türke bist?«, frage ich ihn lächelnd.

Er braucht eine Weile und überlegt, was er darauf antworten könnte. Bestimmt wird ihm diese Frage zum ersten Mal gestellt. »Naja, weil die mich als Türken sehen«, antwortet er unsicher.

Ich möchte von den anderen wissen, wie sie das sehen. Die Antworten fallen ähnlich aus. »Wieso soll ich sagen, ich bin Österreicher, wenn sie mich eh nicht als Österreicher sehen?«, sagt ein Schüler provokant.

»Ich bin Serbe, weil meine Eltern aus Serbien kommen. So ist das halt«, erklärt mir ein anderer.

Ich sage, dass es doch nicht schlimm sei, sich als Österreicher mit ausländischen Wurzeln zu bekennen. »Wenn ihr euch, trotz eures österreichischen Passes, als stolze Ausländer bezeichnet, dann legt ihr den Ausländerhassern einen Elfmeter auf«, sage ich.

Einen Schüler, der auf seiner türkischen Nationalität so sehr beharrt, frage ich: »Woher weißt du überhaupt, dass du Türke bist oder türkische Wurzeln hast? Immerhin ist die Türkei aus einem Vielvölkerstaat entstanden. Sie besteht aus über siebzig Ethnien. Vielleicht hast du arabische, jüdische, armenische oder griechische Wurzeln?« Es funktioniert.

»Stimmt«, bestätigt er meine Theorie.

Sie wollen wissen, wie ich dazu stehe.

Ich antworte: »Man ist in erster Linie ein Mensch, wie jeder andere, der sich seine Nationalität, Religion oder Hautfarbe bei der Geburt nicht aussuchen kann.« Sie nicken alle begeistert.

Die Botschaft ist angekommen. *Yeah!*

Man erkennt deutlich, dass die Schüler von der Integrationsdebatte mitgenommen sind. »Wir haben das Thema satt«, sagt einer im Sesselkreis. »Immer werden wir als Verbrecher oder Moslems abgestempelt«, fügt ein anderer hinzu.

Auch Schüler ohne sogenannten Migrationshintergrund sehen es nicht anders und zeigen für die Reaktionen ihrer Kollegen Verständnis – das überrascht mich sehr positiv. »Meine Eltern sind Kroaten und kommen aus dem Burgenland. Man hat nichts gegen uns, weil wir keine Moslems sind«, erklärt einer.

»Ich werde öfters als Moslem oder Türke bezeichnet, obwohl ich Armenier und Christ bin«, erzählt ein anderer Schüler.

Ihn störe das aber nicht, weil er denke, dass alle Religionen gleich seien – erklärt er in einer sehr diplomatischen Form.

Auf die abschließende Frage zum Thema Diversität, wie es mit den Religionen aussieht, ob diese zu Konflikten führten, verneinen die Schüler: »Wir sind alle Menschen und akzeptieren uns so, wie wir sind.« Ich bin von der Reife der Schüler positiv überrascht.

Als nächsten Punkt spreche ich die Klasse auf mögliche Konflikte zwischen Schülern und Professoren an. Wie alle anderen Klassen bestätigt mir auch diese, dass sie mit gewissen Lehrern Probleme haben. Sie kennen sich zum Beispiel nicht mit dem Stoff aus, weil der Professor nicht erklären kann. Zum Test gebe es dann Fragen, die noch nie durchgenommen worden seien, erzählen sie mir. Manche Professoren sollen unfaire Tricks anwenden, indem sie angeblich die Überprüfung des Stoffinhalts zu ihren eigenen Gunsten gestalten: manchmal als »Schularbeit« und manchmal als »Test«. Eines der beiden soll von einer Wiederholung ausgeschlossen sein, wird mir berichtet.

Ein Schüler beschwert sich über den Werkstätten-Unterricht; manche Professoren sollen sehr desinteressiert sein und fast nur am Computer spielen.

Auf die Frage, ob jemand das Gefühl hat, dass seine ethnische Zugehörigkeit ein Problem oder eine Benachteiligung bei den Professoren darstellt, erhalte ich keine klare Antwort. »Es könnte sein, aber wir sind uns nicht sicher«, heißt es.

Bei einer anderen Klasse fällt die Antwort anders aus. Ein türkischstämmiger Schüler erzählt verzweifelt, wie er von seinem Werkstätten-Professor wegen seiner Religion gemobbt wird, was vom Rest der Klasse auch bestätigt wird. Das mache er aber bei anderen muslimischen Schülern nicht, wird mir mitgeteilt.

Ein anderer Schüler – ohne sogenannten Migrationshintergrund – berichtet, er habe den Eindruck, dass der Mathematikprofessor es auf ihn abgesehen habe. Die Klasse wird unruhig. Es wird nur noch über die Professoren gelästert. Ich versuche sie aufzubauen und gebe ihnen Tipps, an wen sie sich zum Beispiel in solchen Fällen wenden können. Ich erzähle von meinen Erfahrungen, wie ich von zwei Professorinnen negativ beurteilt wurde, weil ich mich mit ihnen anlegte. »Es kann schnell nach hinten losgehen, wenn man nicht die richtigen Worte wählt«, teile ich ihnen mit. Sie sollten als Klasse diplomatisch handeln, ohne zu schimpfen und zu provozieren. Dabei sei der Klassenzusammenhalt sehr wichtig, unterstreiche ich. Manche sind unsicher. »Ja, aber die sich jetzt hier so aufregen, haben dann Angst, wenn wir das umsetzen wollen«, erklärt mir der Klassensprecher. Ich ermutige sie weiter.

Auf die Frage, wie die Situation mit den Ethnien auf den Straßen ist, meldet sich sofort ein Schüler zu Wort: »Sie lassen mich nicht beim Fußball mitspielen, weil ich keinen Migrationshintergrund habe«, erzählt er.

Ein anderer beschwert sich, dass er in den türkischen Fastfood-Häusern benachteiligt wird: »Die Besitzer bedienen zuerst die Ausländer, auch wenn sie nach uns kommen«. Man hört ein Magenknurren. *War das sein Magen oder doch meiner – Ich liebe Kebab!*

Der Professorin ist die Schüler-Lehrer-Problematik bekannt. »Ich rede oft mit meiner Klasse darüber«, erzählt sie mir, die sich für ihre Klassen sehr einsetzt und der auch Integration ein großes Anliegen ist.

Am Rande wird noch das Problem geschildert, dass in den Pausen die Turnräume und der Hof für sportliche Aktivitäten nicht zur Verfügung gestellt werden. »Uns ist sehr langweilig. Wir fühlen uns wie im Gefängnis«, erklärt ein

Schüler.

Ich schließe mit ein paar ermutigenden Worten: »Gebt niemals auf. Ihr müsst da einfach durch!«

Die Schüler sind überrascht. Man sieht ein Licht in ihren Augen aufgehen. Sie scheinen zufrieden zu sein.

Nach einer Feedback-Runde wird mir mitgeteilt, dass den Schülern die Unterhaltung gut getan hat. *Mir aber auch.*

»Ohne Sie wäre die Diskussion nicht so ruhig gewesen. Da bin ich mir sicher«, sagt mir die Schülerin, die sich am Anfang als Serbin bezeichnet hat. Nach einem gemeinsamen Foto stürmen einige der türkischstämmigen Schüler mit ihren Fragen zu mir: »Kannst du Türkisch, kannst du Türkisch?!«

Ich bestätige lachend. Natürlich kann ich Türkisch!

Nach den Schulbesuchen wird mir erst klar, wie traumatisierend – und wie reformbedürftig – das Schulsystem eigentlich ist. Noch heute habe ich Alpträume davon, dass ich wegen meiner Englisch-Professorin die Klasse wiederholen musste.

26939472R00063

Printed in Poland
by Amazon Fulfillment
Poland Sp. z o.o., Wrocław